EX LIBRIS

VINTAGE CLASSICS

SELECTED POEMS

Born Neftal-Ricardo Reyes Basoalto in southern Chile in 1904, Pablo Neruda led a life charged with poetic and political activity. His first book, *Crepusculario* ('Twilight') was published in 1923. The following year, he published *Veinte poemas de amor y una cancion desesperada* ('Twenty Love Poems and a Song of Despair'), which turned him into a celebrity. In 1927 he began his long career as a diplomat, serving as Chilean consul in numerous places including Burma, Buenos Aires, Madrid, Mexico and France. He was elected to the Chilean Senate in 1943 but later expelled for being a Communist. In 1952 the government withdrew the order to arrest leftist writers and political figures, and Neruda returned to Chile. For the next twenty-one years, he continued a career that integrated private and public concerns and became known as the people's poet. During this time, Neruda received numerous prestigious awards, including the International Peace Prize in 1950, the Lenin Peace Prize and the Stalin Peace Prize in 1953, and the Nobel Prize for Literature in 1971. He died of leukaemia in Santiago, Chile in 1973.

ALSO BY PABLO NERUDA

PABLO NERUDA

Selected Poems

EDITED BY NATHANIEL TARN

TRANSLATED BY
ANTHONY KERRIGAN,
W.S. MERWIN, ALASTAIR REID
AND NATHANIEL TARN

VINTAGE BOOKS
London

Published by Vintage 2012

6 8 10 9 7

This book was first published by Jonathan Cape in 1970

Vintage
Random House, 20 Vauxhall Bridge Road,
London SW1V 2SA

www.vintage-classics.info

Addresses for companies within The Random House Group Limited can be
found at: www.randomhouse.co.uk/offices.htm

The Random House Group Limited Reg. No. 954009

A CIP catalogue record for this book
is available from the British Library

ISBN 9780099561293

Typeset by Palimpsest Book Production Limited,
Falkirk, Stirlingshire

The Random House Group Limited supports The Forest Stewardship
Council® (FSC®), the leading international forest-certification organisation.
Our books carrying the FSC label are printed on FSC®-certified paper.
FSC is the only forest-certification scheme supported by the leading
environmental organisations, including Greenpeace. Our
paper procurement policy can be found at
www.randomhouse.co.uk/environment

MIX
Paper from
responsible sources
FSC® C016897

Printed and bound in Great Britain by Clays Ltd, St Ives plc

Editor's Foreword

The name of Pablo Neruda has for some time now been firmly in the consciousness of poetry readers in this country, so that I feel I can limit myself in this Foreword to a few remarks on how the book came into existence.

The project of doing a large Selected Works was first mooted with Señor Neruda in 1964. In July 1965, while we both attended the P.E.N. Conference in Bled, Yugoslavia, I suggested that he prepare a basic list from which we could work. His wife helped him in compiling it. We also agreed to base ourselves on the Spanish text of the second edition of the *Obras Completas* (Losada, Buenos Aires, 1962).

At first, the suggestion was that I should undertake the translation entirely by myself; but since various other translators were discovered to be engaged in working on large sections of Neruda's poetry, it seemed both churlish and uneconomical to multiply such attempts. Accordingly, I contacted three other translators and they agreed to work with me on this project: Anthony Kerrigan, W. S. Merwin and Alastair Reid. There were, of course, other translators of outstanding merit, such as James Wright and Robert Bly, but they had their own separate plans for publication. Merwin had long been in the field and a distinguished anthology of his work had been presented on the Third Programme in 1962. Eventually, his translation of *Veinte Poemas de Amor* came out separately in Cape Editions, shortly before this book. My own initial work had led to the separate publication of *Las Alturas de Macchu Picchu*, with a Preface by Robert Pring-Mill which must have done a great deal to present Neruda to English audiences. Alastair Reid, who had been working on the later parts of the Neruda *Obras*, published *We are Many*, a selection from *Estravagario* and *Plenos Poderes*, with Cape Goliard, as well as a selection in *Encounter*. The only interference with our plans was a previous commitment by Reid to collaborate in the second of Ben Bellitt's selected volumes: the advantage is the reader's, however, in that he can now obtain a large coverage of the later work by using both books.

Neruda's *Obras Completas* are so vast that readers and translators are often led to concentrate on specific parts of it. Thus, Merwin and I found we had done most of our work in the early volumes, especially in the *Residencias*. Kerrigan was drawn to the *Canto General* and this province of the empire was left more or less to him. Reid has always preferred the later books. All this was by no means exclusive and some of us poached, by agreement, on the others' territories or, in the case of the *Odas*, for instance, agreed to share the work. After some discussion we also decided to include certain portions of previous works – the *Veinte Poemas*, the *Alturas de Macchu Picchu* etc. – though, for complete texts, the reader will still have to go to the original volumes. Thus, the work included reflects the coincidence between the tastes of Señor Neruda and the individual translators.

For our own, and the reader's, convenience, we have followed the general plan of the *Obras Completas* as well as its versions where they differ from other books. The greatest exception to this is in the case of the *Veinte Poemas*, where Neruda seemed to prefer the version in the small separate Losada volume. Beyond the *Obras Completas*, our Selection draws on the more recent separate volumes: *Plenos Poderes*, the *Memorial de Isla Negra*, *Una Casa en la Arena* and *La Barcarola*.

This is in no sense a critical edition and we have made no attempt to add notes or comments. The *Obras* are so vast that the establishment of a definitive text will be a task for the future, and for the Latin American future at that. Our only desire has been to present the English language reader with as adequate a selection as possible, covering the whole field of Neruda's achievement. We had no discussions as to techniques of translation, beyond agreeing that it would be best to submit the complete text to a reader of Spanish at the end. The cardinal necessity of presenting the reader with the Spanish text opposite the English was agreed upon by all concerned.

My first acknowledgment must go to Pablo Neruda himself, for giving this work his blessing and for his sympathetic approach to the four translators involved. Next, I would like to thank the translators for their courtesy and helpfulness in providing material on time, despite the distances, often great, which separated us in space. Alastair Reid, whose proximity in London during the work could not but be most tempting, has shared some editorial labours with me. Each of us is grateful to various persons for help in his own work at different times: it would overload this Foreword to name them all here. Collectively, we would like to thank Rafael Nadal, Senior Lecturer in Spanish at King's College, London, for being kind enough to look over the manuscript in its near-final stage.

Atitlán, Guatemala
September 1969

Contents

From
Veinte Poemas de Amor
(1924)

I Cuerpo de Mujer . . .

Cuerpo de mujer, blancas colinas, muslos blancos,
te pareces al mundo en tu actitud de entrega.
Mi cuerpo de labriego salvaje te socava
y hace saltar el hijo del fondo de la tierra.

Fui solo como un túnel. De mí huían los pájaros,
y en mí la noche entraba su invasión poderosa.
Para sobrevivirme te forjé como un arma,
como una flecha en mi arco, como una piédra en mi honda.

Pero cae la hora de la venganza, y te amo.
Cuerpo de piel, de musgo, de leche ávida y firme.
Ah los vasos del pecho! Ah los ojos de ausencia!
Ah las rosas del pubis! Ah tu voz lenta y triste!

Cuerpo de mujer mía, persistiré en tu gracia.
Mi sed, mi ansia sin límite, mi camino indeciso!
Oscuros cauces donde la sed eterna sigue,
y la fatiga sigue, y el dolor infinito.

I Body of a Woman . . .

Body of a woman, white hills, white thighs,
you look like a world, lying in surrender.
My rough peasant's body digs in you
and makes the son leap from the depth of the earth.

I only was a tunnel. The birds fled from me,
and night swamped me with its crushing invasion.
To survive myself I forged you like a weapon,
like an arrow in my bow, a stone in my sling.

But the hour of vengeance falls, and I love you.
Body of skin, of moss, of eager and firm milk.
Oh the goblets of the breast! Oh the eyes of absence!
Oh the roses of the pubis! Oh your voice, slow and sad!

Body of my woman, I will persist in your grace.
My thirst, my boundless desire, my shifting road.
Dark river-beds where the eternal thirst flows
and weariness follows, and the infinite ache.

[W.S.M.]

III Ah Vastedad de Pinos . . .

Ah vastedad de pinos, rumor de olas quebrándose,
lento juego de luces, campana solitaria,
crepúsculo cayendo en tus ojos, muñeca,
caracola terrestre, en ti la tierra canta!

En ti los ríos cantan y mi alma en ellos huye
como tú lo desees y hacia donde tú quieras.
Márcame mi camino en tu arco de esperanza
y soltaré en delirio mi bandada de flechas.

En torno a mí estoy viendo tu cintura de niebla
y tu silencio acosa mis horas perseguidas,
y eres tú con tus brazos de piedra transparente
donde mis besos anclan y mi húmeda ansia anida.

Ah tu voz misteriosa que el amor tiñe y dobla
en el atardecer resonante y muriendo!
Así en horas profundas sobre los campos he visto
doblarse las espigas en la boca del viento.

*

III Ah Vastness of Pines . . .

Ah vastness of pines, murmur of waves breaking,
slow play of lights, solitary bell,
twilight falling in your eyes, toy doll,
snail of the earth, the earth sings in you!

In you the rivers sing and my soul flees in them
as you desire, and you send it where you will.
Aim my road on your bow of hope
and in a frenzy I will free my flock of arrows.

On all sides I see your waist of fog,
and your silence hunts down my afflicted hours;
my kisses anchor, and my moist desire nests
in you with your arms of transparent stone.

Ah your mysterious voice that love tolls and darkens
in the resonant and dying evening!
Thus in deep hours I have seen, over the fields,
the ears of wheat tolling in the mouth of the wind.

                                                      [W.S.M.]

VII Inclinado en las Tardes . . .

Inclinado en las tardes tiro mis tristes redes
a tus ojos oceánicos.

Allí se estira y arde en la más alta hoguera
mi soledad que da vueltas los brazos como un náufrago.

Hago rojas señales sobre tus ojos ausentes
que olean como el mar a la orilla de un faro.

Sólo guardas tinieblas, hembra distante y mía,
de tu mirada emerge a veces la costa del espanto.

Inclinado en las tardes echo mis tristes redes
a ese mar que sacude tus ojos oceánicos.

Los pájaros nocturnos picotean las primeras estrellas
que centellean como mi alma cuando te amo.

Galopa la noche en su yegua sombría
desparramando espigas azules sobre el campo.

VII Leaning into the Afternoons . . .

Leaning into the afternoons I cast my sad nets
towards your oceanic eyes.

There in the highest blaze my solitude lengthens and flames,
its arms turning like a drowning man's.

I send out red signals across your absent eyes
that wave like the sea or the beach by a lighthouse.

You keep only darkness, my distant female,
from your regard sometimes the coast of dread emerges.

Leaning into the afternoons I fling my sad nets
to that sea that is thrashed by your oceanic eyes.

The birds of night peck at the first stars
that flash like my soul when I love you.

The night gallops on its shadowy mare
shedding blue tassels over the land.

[W.S.M.]

XIII He Ido Marcando . . .

He ido marcando con cruces de fuego
el atlas blanco de tu cuerpo.
Mi boca era una araña que cruzaba escondiéndose.
En ti, detrás de ti, temerosa, sedienta.

Historias que contarte a la orilla del crepúsculo,
muñeca triste y dulce, para que no estuvieras triste.
Un cisne, un árbol, algo lejano y alegre.
El tiempo de las uvas, el tiempo maduro y frutal.

Yo que viví en un puerto desde donde te amaba.
La soledad cruzada de sueño y de silencio.
Acorralado entre el mar y la tristeza.
Callado, delirante, entre dos gondoleros inmóviles.

Entre los labios y la voz, algo se va muriendo.
Algo con alas de pájaro, algo de angustia y de olvido.
Así como las redes no retienen el agua.
Muñeca mía, apenas quedan gotas temblando.
Sin embargo algo canta entre estas palabras fugaces.
Algo canta, algo sube hasta mi ávida boca.
Oh poder celebrarte con todas las palabras de alegría.

Cantar, arder, huir, como un campanario en las manos de un
    loco.
Triste ternura mía, qué te haces de repente?
Cuando he llegado al vértice más atrevido y frío
mi corazón se cierra como una flor nocturna.

XIII I Have Gone Marking . . .

I have gone marking the atlas of your body
with crosses of fire.
My mouth went across: a spider, trying to hide.
In you, behind you, timid, driven by thirst.

Stories to tell you on the shore of evening,
sad and gentle doll, so that you will not be sad.
A swan, a tree, something far away and happy.
The season of grapes, the ripe and fruitful season.

I who lived in a harbour from which I loved you.
The solitude pierced by dream and silence,
Penned up between the sea and sadness.
Soundless, delirious, between two motionless gondoliers.

Between the lips and the voice something goes dying.
Something with the wings of a bird, something of anguish
    and oblivion.
The way nets cannot hold water.
My toy doll, only a few drops are left trembling.
Even so, something sings in these fugitive words.
Something sings, something climbs to my ravenous mouth
Oh to be able to celebrate you with all the words of joy.

Sing, burn, flee, like a belfry at the hands of a madman.
My sad tenderness, what comes over you all at once?
When I have reached the most awesome and the coldest
    summit
my heart closes like a nocturnal flower.

                                    [W.S.M.]

9

XIV Juegas Todos Los Días . . .

Juegas todos los días con la luz del universo.
Sutil visitadora, llegas en la flor y en el agua.
Eres más que esta blanca cabecita que aprieto
como un racimo entre mis manos cada día.

A nadie te pareces desde que yo te amo.
Déjame tenderte entre guirnaldas amarillas.
Quién escribe tu nombre con letras de humo entre las
    estrellas del sur?
Ah déjame recordarte cómo eras entonces, cuando aún no
    existías.

De pronto el viento aúlla y golpea mi ventana cerrada.
El cielo es una red cuajada de peces sombríos.
Aquí vienen a dar todos los vientos, todos.
Se desviste la lluvia.

Pasan huyendo los pájaros.
El viento. El viento.
Yo sólo puedo luchar contra la fuerza de los hombres.
El temporal arremolina hojas oscuras
y suelta toda las barcas que anoche amarraron al cielo.

Tú estás aquí. Ah tú no huyes.
Tú me responderás hasta el último grito.
Ovíllate a mi lado como si tuvieras miedo.
Sin embargo alguna vez corrió una sombra extraña
    por tus ojos.

Ahora, ahora también, pequeña, me traes madreselvas,
    y tienes hasta los senos perfumados.

XIV Every Day You Play . . .

Every day you play with the light of the universe.
Subtle visitor, you arrive in the flower and the water.
You are more than this white head that I hold tightly
as a bunch of flowers, every day, between my hands.

You are like nobody since I love you.
Let me spread you out among yellow garlands.
Who writes your name in letters of smoke among the stars of
    the south?
Oh let me remember you as you were before you existed.

Suddenly the wind howls and bangs at my shut window.
The sky is a net crammed with shadowy fish.
Here all the winds let go sooner or later, all of them.
The rain takes off her clothes.

The birds go by, fleeing.
The wind. The wind.
I alone can contend against the power of men.
The storm whirls dark leaves
and turns loose all the boats that were moored last night to
    the sky.

You are here. Oh, you do not run away.
You will answer me to the last cry.
Curl round me as though you were frightened.
Even so, a strange shadow once ran through your eyes.

Now, now too, little one, you bring me honeysuckle,
and even your breasts smell of it.

Mientras el viento triste galopa matando mariposas
yo te amo, y mi alegría muerde tu boca de ciruela.

Cuánto te habrá dolido acostumbrarte a mí,
a mi alma sola y salvaje, a mi nombre que todos ahuyentan.
Hemos visto arder tantas veces el lucero besándonos los ojos
y sobre nuestras cabezas destorcerse los crepúsculos en aban-
  icos girantes.

Mis palabras llovieron sobre ti acariciándote.
Amé desde hace tiempo tu cuerpo de nácar soleado.
Hasta te creo dueña del universo.
Te traeré de las montañas flores alegres, copihues,
avellanas oscuras, y cestas silvestres de besos.
Quiero hacer contigo
lo que la primavera hace con los cerezos.

While the sad wind goes slaughtering butterflies
I love you, and my happiness bites the plum of your mouth.

How you must have suffered getting accustomed to me,
my savage, solitary soul, my name that sends them all running.
So many times we have seen the morning star burn, kissing
    our eyes,
and over our heads the grey light unwind in turning fans.

My words rained over you, stroking you.
A long time I have loved the sunned mother-of-pearl of your
    body.
Until I even believe that you own the universe.
I will bring you happy flowers from the mountains, bluebells,
dark hazels, and rustic baskets of kisses.
I want
to do with you what spring does with the cherry trees.
                                                      [W.S.M.]

XVII Pensando, Enredando Sombras . . .

Pensando, enredando sombras en la profunda soledad.
Tú también estás lejos, ah más lejos que nadie.
Pensando, soltando pájaros, desvaneciendo imágenes,
enterrando lámparas.

Campanario de brumas, qué lejos, allá arriba!
Ahogando lamentos, moliendo esperanzas sombrías,
molinero taciturno,
se te viene de bruces la noche, lejos de la ciudad.

Tu presencia es ajena, extraña a mí como una cosa.
Pienso, camino largamente, mi vida antes de ti.
Mi vida antes de nadie, mi áspera vida.
El grito frente al mar, entre las piedras,
corriendo libre, loco, en el vaho del mar.
La furia triste, el grito, la soledad del mar.
Desbocado, violento, estirado hacia el cielo.

Tú, mujer, qué eras allí, qué raya, qué varilla
de ese abanico inmenso? Estabas lejos como ahora.
Incendio en el bosque. Arde en cruces azules.
Arde, arde, llamea, chispea en árboles de luz.

Se derrumba, crepita. Incendio. Incendio.
Y mi alma baila herida de virutas de fuego.
Quién llama? Qué silencio poblado de ecos?
Hora de la nostalgia, hora de la alegría, hora de la soledad,
hora mía entre todas!
Bocina en que el viento pasa cantando.
Tanta pasión de llanto anudada a mi cuerpo.

XVII Thinking, Tangling Shadows . . .

Thinking, tangling shadows in the deep solitude.
You are far away too, oh farther than anyone.
Thinking, freeing birds, dissolving images,
burying lamps.

Belfry of fogs, how far away, up there!
Stifling laments, milling shadowy hopes,
taciturn miller,
night falls on you face downward, far from the city.

Your presence is foreign, as strange to me as a thing.
I think, I explore great tracts of my life before you.
My life before anyone, my harsh life.
The shout facing the sea, among the rocks,
running free, mad, in the sea-spray.
The sad rage, the shout, the solitude of the sea.
Headlong, violent, stretched towards the sky.

You, woman, what were you there, what ray, what vane
of that immense fan? You were as far as you are now.
Fire in the forest! Burn in blue crosses.
Burn, burn, flame up, sparkle in trees of light.

It collapses, crackling. Fire. Fire.
And my soul dances, seared with curls of fire.
Who calls? What silence peopled with echoes?
Hour of nostalgia, hour of happiness, hour of solitude.
Hour that is mine from among them all!
Megaphone in which the wind passes singing.
Such a passion of weeping tied to my body.

Sacudida de todas las raíces,
asalto de todas las olas!
Rodaba, alegre, triste interminable, mi alma.

Pensando, enterrando lámparas en la profunda soledad.

Quién eres tú, quién eres?

Shaking of all the roots,
attack of all the waves!
My soul wandered, happy, sad, unending.

Thinking, burying lamps in the deep solitude.

Who are you, who are you?

[W.S.M.]

XX Puedo Escribir Los Versos . . .

Puedo escribir los versos más tristes esta noche.

Escribir, por ejemplo: 'La noche está estrellada,
y tiritan, azules, los astros, a lo lejos'.

El viento de la noche gira en el cielo y canta.

Puedo escribir los versos más tristes esta noche.
Yo la quise, y a veces ella también me quiso.

En las noches como ésta la tuve entre mis brazos.
La besé tantas veces bajo el cielo infinito.

Ella me quiso, a veces yo también la quería.
Cómo no haber amado sus grandes ojos fijos.

Puedo escribir los versos más tristes esta noche.
Pensar que no la tengo. Sentir que la he perdido.

Oír la noche inmensa, más inmensa sin ella.
Y el verso cae al alma como al pasto el rocío.

Qué importa que mi amor no pudiera guardarla.
La noche está estrellada y ella no está conmigo.

Eso es todo. A lo lejos alguien canta. A lo lejos.
Mi alma no se contenta con haberla perdido.

Como para acercarla mi mirada la busca.
Mi corazón la busca, y ella no está conmigo.

XX Tonight I Can Write . . .

Tonight I can write the saddest lines.

Write, for example, 'The night is shattered
and the blue stars shiver in the distance.'

The night wind revolves in the sky and sings.

Tonight I can write the saddest lines.
I loved her, and sometimes she loved me too.

Through nights like this one I held her in my arms.
I kissed her again and again under the endless sky.

She loved me, sometimes I loved her too.
How could one not have loved her great still eyes.

Tonight I can write the saddest lines.
To think that I do not have her. To feel that I have lost her.

To hear the immense night, still more immense without her.
And the verse falls to the soul like dew to the pasture.

What does it matter that my love could not keep her.
The night is shattered and she is not with me.

This is all. In the distance someone is singing. In the distance.
My soul is not satisfied that it has lost her.

My sight searches for her as though to go to her.
My heart looks for her, and she is not with me.

La misma noche que hace blanquear los mismos arboles.
Nosotros, los de entonces, ya no somos los mismos.

Ya no la quiero, es cierto, pero cuánto la quise.
Mi voz buscaba el viento para tocar su oído.

De otro. Será de otro. Como antes de mis besos.
Su voz, su cuerpo claro. Sus ojos infinitos.

Ya no la quiero, es cierto, pero tal vez la quiero.
Es tan corto el amor, y es tan largo el olvido.

Porque en noches como ésta la tuve entre mis brazos,
mi alma no se contenta con haberla perdido.

Aunque éste sea el último dolor que ella me causa,
y éstos sean los últimos versos que yo le escribo.

The same night whitening the same trees.
We, of that time, are no longer the same.

I no longer love her, that's certain, but how I loved her.
My voice tried to find the wind to touch her hearing.

Another's. She will be another's. Like my kisses before.
Her voice. Her bright body. Her infinite eyes.

I no longer love her, that's certain, but maybe I love her.
Love is so short, forgetting is so long.

Because through nights like this one I held her in my arms
my soul is not satisfied that it has lost her.

Though this be the last pain that she makes me suffer
and these the last verses that I write for her.

[W.S.M.]

From

Residencia en la Tierra, I

(1933)

Alianza (Sonata)

De miradas polvorientas caídas al suelo
o de hojas sin sonido y sepultándose.
De metales sin luz, con el vacío,
con la ausencia del día muerto de golpe.
En lo alto de las manos el deslumbrar de mariposas,
el arrancar de mariposas cuya luz no tiene término.

Tú guardabas la estela de luz, de seres rotos
que el sol abandonado, atardeciendo, arroja a las iglesias.
Teñida con miradas, con objeto de abejas,
tu material de inesperada llama huyendo
precede y sigue al día y a su familia de oro.

Los días acechando cruzan en sigilo
pero caen dentro de tu voz de luz.
Oh dueña del amor, en tu descanso
fundé mi sueño, mi actitud callada.

Con tu cuerpo de número tímido, extendido de pronto
hasta las cantidades que definen la tierra,
detrás de la pelea de los días blancos de espacio
y fríos de muertes lentas y estímulos marchitos,
siento arder tu regazo y transitar tus besos
haciendo golondrinas frescas en mi sueño.

A veces el destino de tus lágrimas asciende
como la edad hasta mi frente, allí
están golpeando las olas, destruyéndose de muerte:
su movimiento es húmedo, decaído, final.

Alliance (Sonata)

From dust-laden glances, fallen to earth,
or noiseless leaves, self-buried.
From tarnished metals, with the void incarnate,
with the absence of day, dead of a stroke.
In hand-heights, the dazzle of butterflies,
butterflies setting sail in their unbounded light.

You were guardian to the light's stelae, fragmented beings
the late and tardy sun flung at the churches.
Glance-tinted, with the aim of bees,
your embodiment of unlooked-for flame in flight
precedes and follows day, his golden kin.

Days cruise in secret and lie in ambush
but fall into the trap: your voice of light.
Oh lady of the house of love – in your repose
I ground my dreams, my hushed expectancy.

With your body shyly numbered, extended suddenly
out to the quantities which have defined the earth,
beyond the broils of the white days in space,
cold with slow deaths and withering incentives,
I feel your lap burning and your kisses passing
like early summer swallows in my dreams.

Times are when what your tears may wish to be
like age reaches my forehead –
there waves are battering, tripping themselves to death:
their motion humid, fallen, final.

[N.T.]

Caballos de Los Sueños

Innecesario, viéndome en los espejos,
con un gusto a semanas, a biógrafos, a papeles,
arranco de mi corazón al capitán del infierno,
establezco cláusulas indefinidamente tristes.

Vago de un punto a otro, absorbo ilusiones,
converso con los sastres en sus nidos:
ellos, a menudo, con voz fatal y fría
cantan y hacen huir los maleficios.

Hay un país extenso en el cielo
con las supersticiosas alfombras del arco-iris
y con vegetaciones vesperales:
hacia allí me dirijo, no sin cierta fatiga,
pisando una tierra removida de sepulcros un tanto frescos,
yo sueño entre esas plantas de legumbre confusa.

Paso entre documentos disfrutados, entre orígenes,
vestido como un ser original y abatido:
amo la miel gastada del respeto,
el dulce catecismo entre cuyas hojas
duermen violetas envejecidas, desvanecidas,
y las escobas, conmovedoras de auxilio:
en su apariencia hay, sin duda, pesadumbre y certeza.
Yo destruyo la rosa que silba y la ansiedad raptora:
yo rompo extremos queridos: y aun más,
aguardo el tiempo uniforme, sin medida:
un sabor que tengo en el alma me deprime.

Dream Horses

A burden to myself, glimpsing myself in mirrors
with a taste for weeks, biographers, odd papers,
I wrench hell's captain from my heart
and lay down sad, equivocating clauses.

I drift from place to place, wash down illusions,
talk to the tailors in their nests:
repeatedly, with cold and fatal voice,
they sing and chase enchantments off.

There is a country stretched across the sky
strewn with the rainbow's superstitious carpets
and evening's vegetation:
that way I go — not without some fatigue,
treading grave loam, fresh from the spade,
dreaming among these doubtful greens.

I pass through relished documents, through lineages,
dressed like an aborigine and beaten down;
I love the wasted honey of respect,
the dulcet catechism between whose leaves
violets sleep, grow old and fade away,
and bustling brooms looking for help:
in their appearance grief and certitude conjoined.
I ruin the whistling rose, the wracking worry,
I break beloved extremes: and worse than that
await a uniform, immeasurable time —
a taste on the soul's tongue which wears me down.

Qué día ha sobrevenido! Qué espesa luz de leche,
compacta, digital, me favorece!
He oído relinchar su rojo caballo
desnudo sin herraduras y radiante.
Atravieso con él sobre las iglesias,
galopo los cuarteles desiertos de soldados
y un ejército impuro me persigue.
Sus ojos de eucaliptus roban sombra,
su cuerpo de campana galopa y golpea.

Yo necesito un relámpago de fulgor persistente,
un deudo festival que asuma mis herencias.

What a day it's been! What a thick milk light
compact, as if white-fingered, favours me!
I heard its red horse neighing
bare-backed, unshod and radiant.
I ride him over churches
gallop through garrisons empty of soldiers
pursued by a raffish army.
His eucalyptus eyes plunder the darkness,
his bell-like body gallops as it strikes.

I need a flash of that persistent brightness,
a feast of kinsmen claiming all I own.

[N.T.]

Débil del Alba

El día de los desventurados, el día pálido se asoma
con un desgarrador olor frío, con sus fuerzas en gris,
sin cascabeles, goteando el alba por todas partes:
es un naufragio en el vacío, con un alrededor de llanto.

Porque se fué de tantos sitios la sombra húmeda, callada,
de tantas cavilaciones en vano, de tantos parajes terrestres
en donde debío ocupar hasta el designio de las raíces,
de tanta forma aguda que se defendía.
Yo lloro en medio de lo invadido, entre lo confuso,
entre el sabor creciente, poniendo el oído
en la pura circulación, en el aumento,
cediendo sin rumbo el paso a lo que arriba,
a lo que surge vestido de cadenas y claveles,
yo sueño, sobrellevando mis vestigios morales.

Nada hay de precipitado, ni de alegre, ni de forma orgullosa,
todo aparece haciéndose con evidente pobreza,
la luz de la tierra sale de sus párpados
no como la campanada, sino más bien como las lágrimas:
el tejido del día, su lienzo débil,
sirve para una venda de enfermos, sirve para hacer señas
en una despedida, detrás de la ausencia:
es el color que sólo quiere reemplazar,
cubrir, tragar, vencer, hacer distancias.
Estoy solo entre materias desvencijadas,
la lluvia cae sobre mí, y se me parece,
se me parece con su desvarío, solitaria en el mundo muerto,
rechazada al caer, y sin forma obstinada.

Weak With the Dawn

The day of the luckless, the pale day appears
with a cold heart-breaking smell, with its forces in grey,
with no bells on, dripping dawn from everywhere:
it is a shipwreck in a void, surrounded by weeping.

For the moist shadow went from so many places,
from so many vain objections, from so many earthly halts
where it should have occupied even the design of the roots,
from so much sharp form that defended itself.
I weep in the midst of what is invaded, amid the uncertain,
amid the growing savour, lending the ear
to the pure circulation, to the increase,
without direction giving way to what is approaching,
to what issues forth dressed in chains and carnations,
I dream, burdened with my moral remains.

There is nothing sudden, nor light-hearted, nor with a proud
    form,
everything seems to be making itself with obvious poverty,
the light of the earth comes out of its eyelids
not like a bell's ringing, but more like tears:
the fabric of the day, its frail linen,
is good for a gauze for the sick, is good for waving
goodbye, in the wake of an absence:
it is the colour that wants only to replace,
to cover, to engulf, to subdue, to make distances.
I am alone with rickety materials,
the rain falls on me, and it is like me,
it is like me in its raving, alone in the dead world,
repulsed as it falls, and with no persistent form.

[W.S.M.]

Unidad

Hay algo denso, unido, sentado en el fondo,
repitiendo su número, su señal idéntica.
Cómo se nota que las piedras han tocado el tiempo,
en su fina materia hay olor a edad
y el agua que trae el mar, de sal y sueño.

Me rodea una misma cosa, un solo movimiento:
el peso del mineral, la luz de la piel,
se pegan al sonido de la palabra noche:
la tinta del trigo, del marfil, del llanto,
las cosas de cuero, de madera, de lana,
envejecidas, desteñidas, uniformes,
se unen en torno a mí como paredes.

Trabajo sordamente, girando sobre mí mismo,
como el cuervo sobre la muerte, el cuervo de luto.
Pienso, aislado en lo extremo de las estaciones,
central, rodeado de geografía silenciosa:
una temperatura parcial cae del cielo,
un extremo imperio de confusas unidades
se reúne rodeándome.

Unity

There is something dense, at one, struck in the ground of being
repeats its number, its redundant signal.
As one notes the touch of time on stones
in its delicate matter there is the scent of age
and the water the sea brings, of salt and dream.

One semblance circles me, a single movement:
mineral sag, the glow of skin
invest the sound of the vocal 'night':
the ink of wheat, lament and ivory,
things leather-made, of wood, of wool,
things taken old, faded, all of a piece,
envelop me like walls.

I labour silently, circling around myself,
like the widowed crow over death.
I meditate, weaned among far-flung seasons
yet mean meridian on the maps of silence:
a friendly temperature falls from the sky,
a radical empire of mingled unities
draws itself together, surrounding me.

[N.T.]

Sabor

De falsas astrologías, de costumbres un tanto lúgubres,
vertidas en lo inacabable y siempre llevadas al lado,
he conservado una tendencia, un sabor solitario.

De conversaciones gastadas como usadas maderas,
con humildad de sillas, con palabras ocupadas
en servir como esclavos de voluntad secundaria,
teniendo esa consistencia de la leche, de las semanas muertas,
del aire encadenado sobre las ciudades.

Quién puede jactarse de paciencia más sólida?
La cordura me envuelve de piel compacta
de un color reunido como una culebra:
mis criaturas nacen de un largo rechazo:
ay, con un solo alcohol puedo despedir este día
que he elegido, igual entre los días terrestres.

Vivo lleno de una substancia de color común, silenciosa
como una vieja madre, una paciencia fija
como sombra de iglesia o reposo de huesos.
Voy lleno de esas aguas dispuestas profundamente,
preparadas, durmiéndose en una atención triste.

En mi interior de guitarra hay un aire viejo,
seco y sonoro, permanecido, inmóvil,
como una nutrición fiel, como humo:
un elemento en descanso, un aceite vivo:
un pájaro de rigor cuida mi cabeza:
un ángel invariable vive en mi espada.

Tang

From false astrologies and somewhat dismal rites,
changed into the undying and always laid aside,
I have kept a tendency, a solitary savour.

From conversations wasted like powdered lumber,
with the humility of chairs, with words wrapped up
in slaving for a secondary will,
having that feel of milk, of wasted weeks,
of air locked above cities –

Who is able to boast a more enduring patience?
Prudence envelops me in a tight skin
of colour concentrated like a snake's:
my creatures are born of a wide recoil:
oh with one drink I can say goodbye to this day,
this day I picked from the sameness of earthly days.

Brim-full with substance of a common colour, silent,
I live like an old mother, patience impaled,
a church in shadows, the rest-in-peace of bones.
I go, full of these waters profoundly bedded,
laid down in mournful, concentrated sleep.

In my guitar-like innards an old tune plays,
dry, resonant, fixated, motionless,
a loyal diet, a puff of smoke:
a steady element, a living oil:
a sentinel bird looks after my head,
an invariable angel inhabits my sword.

                                          [N.T.]

Ausencia de Joaquín

Desde ahora, como una partida verificada lejos,
en funerales estaciones de humo o solitarios malecones,
desde ahora lo veo precipitándose en su muerte,
y detrás de él siento cerrarse los días del tiempo.

Desde ahora, bruscamente, siento que parte,
precipitándose en las aguas, en ciertas aguas, en cierto oceano,
y luego, al golpe suyo, gotas se levantan, y un ruido,
un determinado, sordo ruido siento producirse,
un golpe de agua azotada por su peso,
y de alguna parte, de alguna parte siento que saltan y salpican
    estas aguas,
sobre mí salpican estas aguas, y viven como ácidos.

Su costumbre de sueños y desmedidas noches,
su alma desobediente, su preparada palidez
duermen con él por último, y él duerme,
porque al mar de los muertos su pasión desplómase,
violentamente hundiéndose, fríamente asociándose.

Absence of Joaquín

From now on, like a departure seen from a distance,
in funereal positions of smoke or solitary embankments,
from now on I see him hurtling into his death
and behind him I hear the days of time closing.

From now on, with a jolt, I hear him going,
rushing on in the waters, in certain waters, in one particular
    ocean,
and then, when he strikes, drops rise, and a noise,
a resolute muffled noise, I hear it forming,
a stroke of water lashed by his weight,
and from somewhere, from somewhere I hear those waters
    tossing and splashing
and they splash over me, those waters, and burn like acids.

His apparel of dreams and immoderate nights,
his disobedient soul, his prepared pallor
sleep with him once and for all, and he sleeps,
for his passion plummeted into the sea of the dead,
sinking violently, joining it coldly.

[W.S.M.]

Colección Nocturna

He vencido al ángel del sueño, el funesto alegórico:
su gestión insistía, su denso paso llega
envuelto en caracoles y cigarras,
marino, perfumado de frutos agudos.

Es el viento que agita los meses, el silbido de un tren,
el paso de la temperatura sobre el lecho,
un opaco sonido de sombra
que cae como trapo en lo interminable,
una repetición de distancias, un vino de color confundido,
un peso polvoriento de vacas bramando.

A veces su canasto negro cae en mi pecho,
sus sacos de dominio hieren mi hombro,
su multitud de sal, su ejército entreabierto
recorren y revuelven las cosas del cielo:
él galopa en la respiración y su paso es de beso:
su salitre seguro planta en los párpados
con vigor esencial y solemne propósito:
entra en lo preparado como un dueño:
su substancia sin ruido equipa de pronto,
su alimento profético propaga tenazmente.

Reconozco a menudo sus guerreros,
sus piezas corroídas por el aire, sus dimensiones,
y su necesidad de espacio es tan violenta
que baja hasta mi corazón a buscarlo:
él es el propietario de las mesetas inaccesibles,
él baila con personajes trágicos y cotidianos:
de noche rompe mi piel su ácido aéreo
y escucho en mi interior temblar su instrumento.

Nocturnal Collection

I have conquered the angel of dream, he of woe and allegory:
his effort was tireless, his packed footstep comes
wrapped in snails and cigars,
marine, perfumed with sharp fruit.

It is the wind that shakes the months, the whistle of a train,
the march of temperature over the bed,
an opaque sound of shadow
falling like a rag where there is no end,
a repetition of distances, a wine of unsettled colour,
a dusty footstep of lowing cows.

Sometimes his black basket falls in my chest,
his sacks of dominion hurt my shoulder,
his multitude of salt, his unlatched army
turn around the things of the sky and make them turn:
he gallops in the breath with the pace of kisses:
he plants his sure saltpetre on the eyelids
with essential vigour and solemn purpose:
he enters into what is prepared like an owner:
he furnishes suddenly his noiseless substance,
stubbornly his prophetic nourishment spreads.

Often I recognize his warriors,
their arms corroded by the air, their dimensions,
and their need of space is so violent
that it descends to my heart itself in search of it:
he is the owner of inaccessible plateaux,
he dances with tragic and ordinary personages,
at night his aerial acid breaks my skin
and I listen to his instrument trembling within me.

Yo oigo el sueño de viejos compañeros y mujeres amadas,
sueños cuyos latidos me quebrantan:
su material de alfombra piso en silencio,
su luz de amapola muerdo con delirio.

Cadáveres dormidos que a menudo
danzan asidos al peso de mi corazón,
qué ciudades opacas recorremos!
Mi pardo corcel de sombra se agiganta,
y sobre envejecidos tahures, sobre lenocinios de escaleras
    gastadas,
sobre lechos de niñas desnudas, entre jugadores de football,
del viento ceñidos pasamos:
y entonces caen a nuestra boca esos frutos blandos del cielo,
los pájaros, las campanas conventuales, los cometas:
aquel que se nutrió de geografía pura y estremecimiento,
ése tal vez nos vio pasar centelleando.

Camaradas cuyas cabezas reposan sobre barriles,
en un desmentelado buque prófugo, lejos,
amigos míos sin lágrimas, mujeres de rostro cruel:
la medianoche ha llegado y un gong de muerte
golpea en torno mío como el mar.
Hay en la boca el sabor, la sal del dormido.

Fiel como una condena, a cada cuerpo
la palidez del distrito letárgico acude:
una sonrisa fría, sumergida,
unos ojos cubiertos como fatigados boxeadores,
una respiración que sordamente devora fantasmas.

En esa humedad de nacimiento, con esa proporción tenebrosa
cerrada como una bodega, el aire es criminal:
las paredes tienen un triste color de cocodrilo,
una contextura de araña siniestra:
se pisa en lo blando como sobre un monstruo muerto:
las uvas negras inmensas, repletas,
cuelgan de entre las ruinas como odres:
oh Capitán, en nuestra hora de reparto

I hear the dream of old companions and of beloved women,
dreams whose throbbing shatters me:
silently I tread their carpet substance,
deliriously I close my teeth on their poppy light.

Sleeping cadavers that often
dance, tied to the pace of my heart,
what opaque cities we are passing through!
My brown horse of shadow grows huge,
and over aged gamblers, over pimps from worn stairs,
over beds of nude girls, among soccer players,
hemmed round by the wind, we pass:
and then those bland fruits of the sky fall to our mouth,
the birds, the convent bells, the comets:
he who nourished himself on pure geography and shuddering
may have seen us go flashing by.

Comrades whose heads rest on barrels,
in a derelict fugitive vessel, far away,
friends of mine without tears, women with cruel faces:
midnight has arrived and a gong of death
beats around me like the sea.
There is a taste in the mouth, the salt of the sleeper.

Faithful as a pronounced sentence, the pallor
of the sluggish district attends each body:
a cold smile, submerged,
eyes swathed like tired boxers,
a breath quietly devouring phantoms.

In that moisture of birth, with that murky occasion,
closed like a cellar, the air is criminal,
the walls have a sad crocodile colour,
a sinister spider's texture:
it is soft underfoot, like a dead monster:
the immense black grapes, full to bursting,
hang among the ruins like wine skins:
oh Captain, in our hour of distribution

abre los mudos cerrojos y espérame:
allí debemos cenar vestidos de luto:
el enfermo de malaria guardará las puertas.

Mi corazón, es tarde y sin orillas,
el día, como un pobre mantel puesto a secar,
oscila rodeado de seres y extensión:
de cada ser viviente hay algo en la atmósfera:
mirando mucho el aire aparecerían mendigos,
abogados, bandidos, carteros, costureras,
y un poco de cada oficio, un resto humillado
quiere trabajar su parte en nuestro interior.
Yo busco desde antaño, yo examino sin arrogancia,
conquistado, sin duda, por lo vespertino.

open the mute latches and wait for me:
there we are to dine dressed in mourning:
the malaria patient will guard the doors.

My heart, it is late and without shores,
day, like a poor tablecloth put to dry,
sways, surrounded by beings and extent:
there is something from every living being in the atmosphere:
close inspection of the air would disclose beggars,
lawyers, bandits, mailmen, seamstresses,
and a little of each occupation, a humbled remnant
wants to perform its own work within us.
I have been searching for a long time, I examine in all
    modesty,
overcome, without doubt, by evening.

                              [W.S.M.]

Serenata

En tu frente descansa el color de las amapolas,
el luto de las viudas halla eco, oh apiadada:
cuando corres detrás de los ferrocarriles, en los campos,
el delgado labrador te da la espalda,
de tus pisadas brotan temblando los dulces sapos.

El joven sin recuerdos te saluda, te pregunta por su olvidada
    voluntad,
las manos de él se mueven en tu atmósfera como pájaros,
y la humedad es grande a su alrededor:
cruzando sus pensamientos incompletos,
queriendo alcanzar algo, oh, buscándote,
le palpitan los ojos pálidos en tu red
como instrumentos perdidos que brillan de súbito.

O recuerdo el día primero de la sed,
la sombra apretada contra los jazmines,
el cuerpo profundo en que te recogías
como una gota temblando también.

Pero acallas los grandes árboles, y encima de la luna, sobrelejos,
vigilas el mar como un ladrón.
Oh noche, mi alma sobrecogida te pregunta
desesperadamente a ti por el metal que necesita.

Serenade

The colour of the poppies rests on your forehead,
the mourning veils of widows find an echo, oh pitying one:
when you run through the fields behind the trains
the lean ploughman turns his back on you,
from your footsteps the gentle toads sprout, trembling.

The young man with no memories salutes you, asking after
    his lost will,
his hands move in your atmosphere like birds,
and around him is a great moisture:
crossing his unfinished thoughts,
trying to reach something, oh in search of you
his pale eyes flutter in your net
like lost instruments suddenly glittering.

Or I remember the first day of thirst,
the shadow pressed against the jasmines,
the deep body in which you shrank
like a drop also trembling.

But you hush the great trees, and above the moon, out past
    everything
you keep watch over the sea like a thief.
Oh night, my soul full of fear asks
you desperately for the metal it needs.

                                                    [W.S.M.]

Arte Poética

Entre sombra y espacio, entre guarniciones y doncellas,
dotado de corazón singular y sueños funestos,
precipitadamente pálido, marchito en la frente
y con luto de viudo furioso por cada día de vida,
ay, para cada agua invisible que bebo soñolientamente
y de todo sonido que acojo temblando,
tengo la misma sed ausente y la misma fiebre fría,
un oído que nace, una angustia indirecta,
como si llegaran ladrones o fantasmas,
y en una cáscara de extensión fija y profunda,
como un camarero humillado, como una campana un poco
    ronca,
como un espejo viejo, como un olor de casa sola
en la que los huéspedes entran de noche perdidamente
    ebrios,
y hay un olor de ropa tirada al suelo, y una ausencia de flores,
– posiblemente de otro modo aún menos melancólico –,
pero, la verdad, de pronto, el viento que azota mi pecho,
las noches de substancia infinita caídas en mi dormitorio,
el ruido de un día que arde con sacrificio
me piden lo profético que hay en mí, con melancolía,
y un golpe de objetos que llaman sin ser respondidos
hay, y un movimiento sin tregua, y un nombre confuso.

Ars Poetica

Between shadow and space, young girls and garrisons,
saddled with a strange heart, with funereal dreams,
taken suddenly pale, my forehead withered
by the rage of a widower's grief for each day of lost life –
oh for each invisible drop I drink in a stupor
and for each sound I harbour, trembling,
I nurse the same far thirst, the same cold fever,
a noise in labour, a devious anguish –
as if thieves or emanations were coming –
in the enveloping shell, rooted, profound,
like a humiliated scullion, a bell cracked a little,
a mirror tarnished, the fug of a deserted house
whose guests come in at night sloshed to perdition,
with a stench of clothes scattered on the floor
and a yearning for flowers –
another way to put it perhaps, a touch less sadly:
but the hard truth is if you want it so,
this wind that whacks at my breast,
the unbounded expanse of night collapsing in my bedroom,
the morning's rumours afire with sacrifice
now beg of me this prophecy I have, with mournfulness
and a lurch of objects calling without answers,
with a truceless movement, a name I can't make out.

[N.T.]

Sistema Sombrío

De cada uno de estos días negros como viejos hierros,
y abiertos por el sol como grandes bueyes rojos,
y apenas sostenidos por el aire y por los sueños,
y desaparecidos irremediablemente y de pronto,
nada ha substituido mis perturbados orígenes,
y las desiguales medidas que circulan en mi corazón
allí se fraguan de día y de noche, solitariamente,
y abarcan desordenadas y tristes cantidades.

Así, pues, como un vigía tornado insensible y ciego,
incrédulo y condenado a un doloroso acecho,
frente a la pared en que cada día del tiempo se une,
mis rostros diferentes se arriman y encadenan
como grandes flores pálidas y pesadas
tenazmente substituídas y difuntas.

Bleak System

Out of each of these days black as old irons,
prised open by the sun like fat red oxen,
kept just about alive on air and dreams,
and gone without recall, and lost that suddenly:
nothing has overridden my problematic youth —
and the unequal measures pumped around my heart
are setting there, day and night, in solitude,
made up of shambled, unhappy quantities.

So, like a look-out gone dull and blind
who can't believe himself condemned to shameful ambush,
facing the wall into which each day of time melts,
my various faces press themselves in and lock
like pale and heavy exhibition blooms
replaced with stubbornness as soon as dead.

                                        [N.T.]

Sonata y Destrucciones

Después de mucho, después de vagas leguas,
confuso de dominios, incierto de territorios,
acompañado de pobres esperanzas
y compañías infieles y desconfiados sueños,
amo lo tenaz que aún sobrevive en mis ojos,
oigo en mi corazón mis pasos de jinete,
muerdo el fuego dormido y la sal arruinada,
y de noche, de atmósfera oscura y luto prófugo,
aquel que vela a la orilla de los campamentos,
el viajero armado de estériles resistencias,
detenido entre sombras que crecen y alas que tiemblan,
me siento ser, y mi brazo de piedra me defiende.

Hay entre ciencias de llanto un altar confuso,
y en mi sesión de atardeceres sin perfume,
en mis abandonados dormitorios donde habita la luna,
y arañas de mi propiedad, y destrucciones que me son queridas,
adoro mi propio ser perdido, mi substancia imperfecta,
mi golpe de plata y mi pérdida eterna.
Ardió la uva húmeda, y su agua funeral
aún vacila, aún reside,
y el patrimonio estéril, y el domicilio traidor.
Quién hizo ceremonia de cenizas?

Quién amó lo perdido, quién protegió lo último?
El hueso del padre, la madera del buque muerto,
y su propio final, su misma huida,
su fuerza triste, su dios miserable?

Acecho, pues, lo inanimado y lo doliente,
y el testimonio extraño que sostengo,
con eficiencia cruel y escrito en cenizas,

Sonata and Destructions

After taking a lot, who knows how long and far,
confused as to estates and territories,
sustained by miserable hopes alone,
saddled with bad companions, with diffident dreams,
I love that tenacity which still survives in my eyes,
still listen in my heart for my horseman's paces,
bite sleeping fire and ruined salt:
at night, in darkness, in the grief of flight,
he who keeps watch along the rim of camps,
the traveller armed with barren defences,
detained in deepening shadows, among trembling wings,
I feel myself exist – my stone arm defends me.

In the science of tears a shrine one can't make out
and in my odourless, hard-working afternoons,
deserted sleeping grounds invested by the moon,
familiar spiders, ruins I love too much,
I prize my own lost self, my blemished constitution,
my stroke of silver and my eternal loss.
The bloat grape flared and its funeral wine
still trembles, still remains,
with the barren tenure, the unreliable home.
Who ever made a ritual of cinders?

Who loved the lost, cared for the absolute?
The father's bone, the dead wreck's timber,
his own goodbye, his very own escape,
his own sad strength, his miserable god?

I lie in wait, then, for the inanimate, the hurt,
and the strange testament which I uphold
with cruel method, written in ashes,

es la forma de olvido que prefiero,
el nombre que doy a la tierra, el valor de mis sueños,
la cantidad interminable que divido
con mis ojos de invierno, durante cada día este mundo.

is the form of oblivion that I prefer,
the name I give the earth, the value of my dreams,
the endless quantity which I divide
with my wintry eyes, every day of this world.

[N.T.]

La Noche del Soldado

Yo hago la noche del soldado, el tiempo del hombre sin melancolía ni exterminio, del tipo tirado lejos del océano y una ola, y que no sabe que el agua amarga lo ha separado y que envejece, paulatinamente y sin miedo, dedicado a lo normal de la vida, sin cataclismos, sin ausencias, viviendo dentro de su piel y de su traje, sinceramente oscuro. Así, pues, me veo con camaradas estúpidos y alegres, que fuman y escupen y horrendamente beben, y que de repente caen, enfermos de muerte. Porque, dónde están la tía, la novia, la suegra, la cuñada del soldado? Tal vez de ostracismo o de malaria mueren, se ponen fríos, amarillos, y emigran a un astro de hielo, a un planeta fresco, a descansar, al fin, entre muchachas y frutas glaciales, y sus cadáveres, sus pobres cadáveres de fuego, irán custodiados por ángeles alabastrinos a dormir lejos de la llama y la ceniza.

Por cada día que cae, con su obligación vesperal de sucumbir, paseo, haciendo una guardia innecesaria, y paso entre mercaderes mahometanos, entre gentes que adoran la vaca y la cobra, paso yo, inadorable y común de rostro. Los meses no son inalterables, y a veces llueve: cae del calor del cielo una impregnación callada como el sudor, y sobre los grandes vegetales, sobre el lomo de las bestias feroces, a lo largo de cierto silencio, estas plumas húmedas se entretejen y alargan. Aguas de la noche, lágrimas del viento Monzón, saliva salada caída como la espuma del caballo, y lenta de aumento, pobre de salpicadura, atónita de vuelo.

Ahora, dónde está esa curiosidad profesional, esa ternura abatida que sólo con su reposo abría brecha, esa conciencia resplandeciente cuyo destello me vestía de ultraazul? Voy respirando como hijo hasta el corazón de un método obligatorio, de una tenaz paciencia física, resultado de alimentos y edad acumulados cada día, despojado de mi vestuario de venganza y de mi piel de oro. Horas de una sola estación ruedan a mis pies, y un día de formas diurnas y nocturnas está casi siempre detenido sobre mí.

The Night of the Soldier

I make up the night of the soldier, the time of the man without melancholy or extinction, the character carried a long way by the ocean and one wave, who does not know that the bitter water has cut him off and that he is growing old, by degrees and without fear, dedicated to what is normal in life, without cataclysms, without absences, living inside his skin and his clothes, sincerely dark. So it is that I see myself with stupid happy companions who smoke and spit and drink horrendously and who suddenly collapse, sick unto death. For where is the soldier's aunt, his betrothed, his mother-in-law, his sister-in-law? Maybe they die of ostracism or malaria, they turn cold, yellow, and they emigrate to a star of ice, to a chill planet, to rest, in the end, among girls and glacial fruit, and their corpses, their poor corpses of fire will be convoyed by alabaster angels to sleep far from the flame and ash.

For each day that falls, with its obligation to succumb at evening, I walk, needlessly on guard, and pass among Mohammedan salesmen, among peoples who adore the cow and the cobra, I pass on, I whom no one could adore, with my common face. The months are not changeless, and at times it rains: from the heat of the sky falls a hushed impregnation like sweat, and over the great plants, over the loins of the wild beasts, along a certain silence, those damp feathers weave together and spread. Waters of night, tears of the monsoon, salt saliva fallen from the horse's froth, and slow in growth, poor in splashing, aghast in flight.

Now, where is that professional curiosity, that weary tenderness that opened a breach with nothing but its repose, that resplendent conscience whose beams robed me in an azure beyond azure? I go breathing like a son, to the very heart of an obligatory method, of a stubborn physical patience, the consequence of nourishment and of age accumulated every day, robbed of my wardrobe of vengeance and my golden skin. Hours of a single season roll down at my feet, and a day of diurnal and nocturnal forms is almost always halted above me.

Entonces, de cuando en cuando, visito muchachas de ojos y caderas jóvenes, seres en cuyo peinado brilla una flor amarilla como el relámpago. Ellas llevan anillos en cada dedo del pie, y brazaletes, y ajorcas en los tobillos, y además, collares de color, collares que retiro y examino, porque yo quiero sorprenderme ante un cuerpo ininterrumpido y compacto, y no mitigar mi beso. Yo peso con mis brazos cada nueva estatua, y bebo su remedio vivo con sed masculina y en silencio. Tendido, mirando desde abajo la fugitiva criatura, trepando por su ser desnudo hasta su sonrisa: gigantesca y triangular hacia arriba, levantada en el aire por dos senos globales, fijos ante mis ojos como dos lámparas con luz de aceite blanco y dulces energías. Yo me encomiendo a su estrella morena, a su calidez de piel, e inmóvil bajo mi pecho como un adversario desgraciado, de miembros demasiado espesos y débiles, de ondulación indefensa: o bien girando sobre sí misma como una rueda pálida, dividida de aspas y dedos, rápida, profunda, circular, como una estrella en desorden.

Ay, de cada noche que sucede, hay algo de brasa abandonada que se gasta sola, y cae envuelta en ruinas, en medio de cosas funerales. Yo asisto comúnmente a esos términos, cubierto de armas inútiles, lleno de objeciones destruidas. Guardo la ropa y los huesos levemente impregnados de esa materia seminocturna; es un polvo temporal que se me va uniendo, y el dios de la substitución vela a veces a mi lado, respirando tenazmente, levantando la espada.

Then, from time to time, I visit girls with young eyes and hips, beings in whose arranged hair a yellow flower shines like lightning. They wear rings on each toe, and armlets and bracelets on their ankles, and what is more, coloured necklaces, necklaces which I take off and examine, because I want to surprise myself before an uninterrupted body, and not mitigate my kiss. I weigh each new statue in my arms and drink its living medicine with a masculine thirst, and in silence. Stretched out, watching the fugitive creature from below, climbing along her naked being to the smile: gigantic and triangular towards the top, lifted into the air by two global breasts, fixed before my eyes like two lamps lit with white oil and sweet energies. I commend myself to her brown star, to the warmth of her skin, and motionless under my breast like a luckless adversary, with limbs too thick and weak, with defenceless undulation: or else spinning on myself like a pale wheel, divided into vanes and fingers, rapid, deep, circular, like a disordered star.

Oh each successive night that comes has something in it of an abandoned ember that is slowly burning out, and it falls swathed in ruins, surrounded by funereal objects. Ordinarily I am present at these ends, loaded with useless weapons, full of demolished objections. I preserve the clothing and the bones lightly impregnated with that semi-nocturnal substance: it is a temporal dust that in the end becomes a part of me, and the god of substitution keeps watch at my side, breathing stubbornly, raising the sword.

[W.S.M.]

Establecimientos Nocturnos

Difícilmente llamo a la realidad, como el perro, y también aúllo. Cómo amaría establecer el diálogo del hidalgo y el barquero, pintar la jirafa, describir los acordeones, celebrar mi musa desnuda y enroscada a mi cintura de asalto y resistencia. Así es mi cintura, mi cuerpo en general, una lucha despierta y larga, y mis riñones escuchan.

Oh Dios, cuántas ranas habituadas a la noche, silbando y roncando con gargantas de seres humanos a los cuarenta años, y qué angosta y sideral es la curva que hasta lo más lejos me rodea! Llorarían en mi caso los cantores italianos, los doctores de astronomía ceñidos por esta alba negra, definidos hasta el corazón por esta aguda espada.

Y luego esa condensación, esa unidad de elementos de la noche, esa suposición, puesta detrás de cada cosa, y ese frío tan claramente sostenido por estrellas.

Execración para tanto *muerto* que no mira, para tanto herido de alcohol o infelicidad, y loor al nochero, al inteligente que soy yo, sobreviviente adorador de los cielos.

Nocturnal Statutes

It is with difficulty that I call to reality, like a dog, and I also howl. How I would love to set down the dialogue of the nobleman and the ferryman, gild the lily, describe accordions, celebrate my naked muse twined at my belt of attack and resistance. For my belt, and my body in general, is a long desperate combat, and my kidneys listen.

Oh God, so many frogs accustomed to the night, whistling and snoring with the throats of human beings at the age of forty, and how narrow and astral is the curve that circles around me into the farthest distance! In my situation Italian singers would weep, and doctors of astronomy girdled with that black dawn, defined to the very heart by that sharp sword.

And then that condensation, that union of the night's elements, that assumption posted behind every object, and that cold so clearly sustained by the stars.

Execration for so many dead that sees nothing, for so much harm through alcohol and unhappiness, and praise to the night creature, the intelligent being, myself, surviving worshipper of the skies.

[W.S.M.]

Entierro en el Este

Yo trabajo de noche, rodeado de ciudad,
de pescadores, de alfareros, de difuntos quemados
con azafrán y frutas, envueltos en muselina escarlata:
bajo mi balcón esos muertos terribles
pasan sonando cadenas y flautas de cobre,
estridentes y finas y lúgubres silban
entre el color de las pesadas flores envenenadas
y el grito de los cenicientos danzarines
y el creciente monótono de los tamtam
y el humo de las maderas que arden y huelen.

Porque una vez doblado el camino, junto al turbio río,
sus corazones, detenidos o iniciando un mayor movimiento
rodarán quemados, con la pierna y el pie hechos fuego,
y la trémula ceniza caerá sobre el agua,
flotará como ramo de flores calcinadas
o como extinto fuego dejado por tan poderosos viajeros
que hicieron arder algo sobre las negras aguas, y devoraron
un aliento desaparecido y un licor extremo.

Burial in the East

I work at night, surrounded by city,
by fishermen, by potters, by the dead burned
with saffron and fruits, wrapped in red muslin:
under my balcony these terrible corpses
go past playing chains and copper flutes,
strident and thin and lugubrious they whistle
amidst the colour of the heavy poisoned flowers
and the cry of the holy fire-dancers
and the growing monotony of the tom-toms
and the smoke of the different woods burning and giving off
    odours.

Because once around the corner, by the muddy river,
their hearts, held in check or beginning a major motion,
will roll, burning, their legs and feet will be fire
and the tremulous ash will fall over the water,
will float like a branch of calcined flowers
or like an extinct fire left by such mighty voyagers
as forced to burn something over the black waters, and
    devoured
a vanished breath and an extreme liquor.

[W.S.M]

Caballero Solo

Los jóvenes homosexuales y las muchachas amorosas,
y las largas viudas que sufren el delirante insomnio,
y las jóvenes señoras preñadas hace treinta horas,
y los roncos gatos que cruzan mi jardín en tinieblas,
como un collar de palpitantes ostras sexuales
rodean mi residencia solitaria,
como enemigos establecidos contra mi alma,
como conspiradores en traje de dormitorio
que cambiaran largos besos espesos por consigna.

El radiante verano conduce a los enamorados
en uniformes regimientos melancólicos,
hechos de gordas y flacas y alegres y tristes parejas:
bajo los elegantes cocoteros, junto al océano y la luna,
hay una continua vida de pantalones y polleras,
un rumor de medias de seda acariciadas,
y senos femeninos que brillan como ojos.

El pequeño empleado, después de mucho,
después del tedio semanal, y las novelas leídas de noche en cama,
ha definitivamente seducido a su vecina,
y la lleva a los miserables cinematógrafos
donde los héroes son potros o príncipes apasionados,
y acaricia sus piernas llenas de dulce vello
con sus ardientes y húmedas manos que huelen a cigarrillo.

Los atardeceres del seductor y las noches de los esposos
se unen como dos sábanas sepultándome,
y las horas después del almuerzo en que los jóvenes estudiantes
y las jóvenes estudiantes, y los sacerdotes se masturban,
y los animales fornican directamente,
y las abejas huelen a sangre, y las moscas zumban coléricas,

Lone Gentleman

Young homosexuals and girls in love,
and widows gone to seed, sleepless, delirious,
and novice housewives pregnant some thirty hours,
the hoarse cats cruising across my garden's shadows
like a necklace of throbbing, sexual oysters
surround my solitary home
like enemies entrenched against my soul,
like conspirators in pyjamas
exchanging long, thick kisses on the sly.

The radiant summer entices lovers here
in melancholic regiments
made up of fat and flabby, gay and mournful couples:
under the graceful palm trees, along the moonlit beach,
there is a continual excitement of trousers and petticoats,
the crisp sound of stockings caressed,
women's breasts shining like eyes.

It's quite clear that the local clerk, bored to the hilt,
after his weekday tedium, cheap paperbacks in bed,
has managed to make his neighbour
and he takes her to the miserable flea-pits
where the heroes are young stallions or passionate princes:
he caresses her legs downy with soft hair
with his wet, hot hands smelling of cigarillos.

Seducers' afternoons and strictly legal nights
fold together like a pair of sheets, burying me:
the siesta hours when young male and female students
as well as priests retire to masturbate,
and when animals screw outright,
and bees smell of blood and furious flies buzz,

y los primos juegan extrañamente con sus primas,
y los médicos miran con furia al marido de la joven paciente,
y las horas de la mañana en que el profesor, como por
    descuido,
cumple con su deber conyugal y desayuna,
y más aún, los adúlteros, que se aman con verdadero amor
sobre lechos altos y largos como embarcaciones:
seguramente, eternamente me rodea
este gran bosque respiratorio y enredado
con grandes flores como bocas y dentaduras
y negras raíces en forma de uñas y zapatos.

and cousins play kinkily with their girl cousins,
and doctors glare angrily at their young patient's husband,
and the professor, almost unconsciously, during the morning
   hours,
copes with his marital duties and then has breakfast,
and, later on, the adulterers who love each other with real
   love,
on beds as high and spacious as sea-going ships —
so for sure and for ever this great forest surrounds me,
breathing through flowers large as mouths chock full of teeth,
black-rooted in the shapes of hoofs and shoes.

                                      [N.T.]

Tango del Viudo

Oh Maligna, ya habrás hallado la carta, ya habrás llorado de
   furia,
y habrás insultado el recuerdo de mi madre
llamándola perra podrida y madre de perros,
ya habrás bebido sola, solitaria, el té del atardecer
mirando mis viejos zapatos vacíos para siempre,
y ya no podrás recordar mis enfermedades, mis sueños
   nocturnos, mis comidas,
sin maldecirme en voz alta como si estuviera allí aún
quejándome del trópico, de los *coolíes corringhis*,
de las venenosas fiebres que me hicieron tanto daño
y de los espantosos ingleses que odio todavía.

Maligna, la verdad, qué noche tan grande, qué tierra tan sola!
He llegado otra vez a los dormitorios solitarios,
a almorzar en los restaurantes comida fría, y otra vez
tiro al suelo los pantalones y las camisas,
no hay perchas en mi habitación, ni retratos de nadie en las
   paredes.
Cuánta sombra de la que hay en mi alma daría por recobrarte,
y qué amenazadores me parecen los nombres de los meses,
y la palabra invierno qué sonido de tambor lúgubre tiene.

Enterrado junto al cocotero hallarás más tarde
el cuchillo que escondí allí por temor de que me mataras,
y ahora repentinamente quisiera oler su acero de cocina
acostumbrado al peso de tu mano y al brillo de tu pie:
bajo la humedad de la tierra, entre las sordas raíces,
de los lenguajes humanos el pobre sólo sabría tu nombre,

Widower's Tango

Oh Maligna, by now you will have found the letter, by now
    you will have cried with rage
and you will have insulted the memory of my mother
calling her a rotten bitch and a mother of dogs,
by now you will have drunk alone, all by yourself, your after-
    noon tea
with your eyes on my old shoes which are empty forever,
and by now you will not be able to recall my illnesses, my
    dreams at night, my meals
without cursing me out loud as though I were still there
complaining of the tropics, of the *coolies corringhis*,
of the poisonous fevers which did me such harm,
and of the horrendous English whom I still hate.

Maligna, the truth of it, how huge the night is, how lonely
    the earth!
I have gone back again to single bedrooms,
to cold lunches in restaurants, and I
drop my pants and my shirts on the floor as I used to,
there are no hangers in my room, and nobody's pictures are
    on the walls.
How much of the shadow that is in my soul I would give to
    have you back,
the names of the months sound to me like threats
and the word winter is like the sound of lugubrious drum.

Later on you will find buried near the coconut tree
the knife which I hid there for fear you would kill me,
and now suddenly I would be glad to smell its kitchen steel
used to the weight of your hand, the shine of your foot:
under the dampness of the ground, among the deaf roots,
in all the languages of men only the poor will know your
    name,

y la espesa tierra no comprende tu nombre
hecho de impenetrables substancias divinas.

Así como me aflige pensar en el claro día de tus piernas
recostadas como detenidas y duras aguas solares,
y la golondrina que durmiendo y volando vive en tus ojos,
y el perro de furia que asilas en el corazón,
así también veo las muertes que están entre nosotros desde
    ahora,
y respiro en el aire la ceniza y lo destruido,
Daría este viento de mar gigante por tu brusca respiración
el largo, solitario espacio que me rodea para siempre.

Daría este viento de mar gigante por tu brusca respiración
oída en largas noches sin mezcla de olvido,
uniéndose a la atmósfera como el látigo a la piel del caballo.
Y por oírte orinar, en la oscuridad, en el fondo de la casa,
como vertiendo una miel delgada, trémula, argentina,
    obstinada,
cuántas veces entregaría este coro de sombras que poseo,
y el ruido de espadas inútiles que se oye en mi alma,
y la paloma de sangre que está solitaria en mi frente
llamando cosas desaparecidas, seres desaparecidos,
substancias extrañamente inseparables y perdidas.

and the dense earth does not understand your name
made of impenetrable divine substances.

Thus it hurts me to think of the clear day of your legs
in repose like waters of the sun made to stay in place,
and the swallow that lives in your eyes sleeping and flying,
and the mad dog that you harbour in your heart,
and thus also I see the dead who are between us and will be
    from now on,
and I breathe ash and utter ruin in the air itself,
I would give this giant sea-wind for your sudden breath
and the vast solitary space that will be around me forever.

I would give this wind off the giant sea for your hoarse
    breathing
heard in the long nights unmixed with oblivion,
becoming part of the atmosphere as the whip becomes part of
    the horse's skin.
And to hear you make water, in the darkness, at the bottom
    of the house,
as though you were pouring a slow, tremulous, silvery, obsti-
    nate honey,
how many times over would I yield up this choir of shadows
    which I possess,
and the clash of useless swords which is audible in my soul,
and the dove of blood, alone on my forehead,
calling to things which have vanished, to beings who have
    vanished,
to substances incomprehensibly inseparable and lost.

                                                    [W.S.M.]

Significa Sombras

Qué esperanza considerar, qué presagio puro,
qué definitivo beso enterrar en el corazón,
someter en los orígenes del desamparo y la inteligencia,
suave y seguro sobre las aguas eternamente turbadas?

Qué vitales, rápidas alas de un nuevo ángel de sueños
instalar en mis hombros dormidos para seguridad perpetua,
de tal manera que el camino entre las estrellas de la muerte
sea un violento vuelo comenzado desde hace mucho días y
    meses y siglos?

Tal vez la debilidad natural de los seres recelosos y ansiosos
busca de súbito permanencia en el tiempo y límites en la tierra,
tal vez las fatigas y las edades acumuladas implacablemente
se extiendan como la ola lunar de un océano recién creado
sobre litorales y tierras angustiosamente desiertas.

Ay, que lo que yo soy existiendo y cesando de existir,
y que mi obediencia se ordene con tales condiciones de hierro
que el temblor de las muertes y de los nacimientos no
    conmueva
el profundo sitio que quiero reservar para mí enternamente.

Sea, pues, lo que soy, en alguna parte y en todo tiempo,
establecido y asegurado y ardiente testigo,
cuidadosamente destruyéndose y preservándose incesantemente,
evidentemente empeñado en su deber original.

Signifying Shadows

What hope can be kept alive, what pure premonition,
what irrevocable kiss sunk in our hearts,
acknowledging the roots of need – and the intelligence
self-confident and smooth on always muddied waters?

What live, quick wings of a new dream angel
lock in my sleeping shoulders for a perpetual possession
so that my path between death's stars
thrusts me into an orbit days, months and ages old?

Perhaps the natural weakness of anxious and distrustful creatures
fitfully craves some stay in time, some space to fill,
or weariness and the implacable heaping up of ages
flood over like the lunar wave of a new-born ocean
on empty beaches, on eroded lands.

Oh that the identity I am might go on living and ceasing to
    live
and that I might so acquiesce in this iron age
that the shocks of deaths and births might not disturb
the deep, deep heartland I reserve for myself forever!

Let what I am be then, in some part, at all times,
set and secure, a passionate witness,
taking itself to pieces carefully, unendingly preserving
the obvious pledges made, the original duty.

[N.T.]

From
Residencia en la Tierra, II
(1935)

Sólo la Muerte

Hay cementerios solos,
tumbas llenas de huesos sin sonido,
el corazón pasando un túnel
oscuro, oscuro, oscuro,
como un naufragio hacia adentro nos morimos,
como ahogarnos en el corazón,
como irnos cayendo desde la piel al alma.

Hay cadáveres,
hay pies de pegajosa losa fría,
hay la muerte en los huesos,
como un sonido puro,
como un ladrido sin perro,
saliendo de ciertas campanas, de ciertas tumbas,
creciendo en la humedad como el llanto o la lluvia.

Yo veo, solo, a veces,
ataúdes a vela
zarpar con difuntos pálidos, con mujeres de trenzas muertas,
con panaderos blancos como ángeles,
con niñas pensativas casadas con notarios,
ataúdes subiendo el río vertical de los muertos,
el río morado,
hacia arriba, con las velas hinchadas por el sonido de la muerte,
hinchadas por el sonido silencioso de la muerte.

A lo sonoro llega la muerte
como un zapato sin pie, como un traje sin hombre,
llega a golpear con un anillo sin piedras y sin dedo,
llega a gritar sin boca, sin lengua, sin garganta.
Sin embargo sus pasos suenan
y su vestido suena, callado como un árbol.

Death Alone

There are lone cemeteries,
tombs full of soundless bones,
the heart threading a tunnel,
a dark, dark tunnel:
like a wreck we die to the very core,
as if drowning at the heart
or collapsing inwards from skin to soul.

There are corpses,
clammy slabs for feet,
there is death in the bones,
like a pure sound,
a bark without its dog,
out of certain bells, certain tombs
swelling in this humidity like lament or rain.

I see, when alone at times,
coffins under sail
setting out with the pale dead, women in their dead braids,
bakers as white as angels,
thoughtful girls married to notaries,
coffins ascending the vertical river of the dead,
the wine-dark river to its source,
with their sails swollen with the sound of death,
filled with the silent noise of death.

Death is drawn to sound
like a slipper without a foot, a suit without its wearer,
comes to knock with a ring, stoneless and fingerless,
comes to shout without a mouth, a tongue, without a throat.
Nevertheless its footsteps sound
and its clothes echo, hushed like a tree.

Yo no sé, yo conozco poco, yo apenas veo,
pero creo que su canto tiene color de violetas húmedas,
de violetas acostumbradas a la tierra,
porque la cara de la muerte es verde,
y la mirada de la muerte es verde,
con la aguda humedad de una hoja de violeta
y su grave color de invierno exasperado.

Pero la muerte va también por el mundo vestida de escoba,
lame el suelo buscando difuntos;
la muerte está en la escoba,
es la lengua de la muerte buscando muertos,
es la aguja de la muerte buscando hilo.

La muerte está en los catres:
en los colchones lentos, en las frazadas negras
vive tendida, y de repente sopla:
sopla un sonido oscuro que hincha sábanas,
y hay camas navegando a un puerto
en donde está esperando, vestida de almirante.

I do not know, I am ignorant, I hardly see
but it seems to me that its song has the colour of wet violets,
violets well used to the earth,
since the face of death is green,
and the gaze of death green
with the etched moisture of a violet's leaf
and its grave colour of exasperated winter.

But death goes about the earth also, riding a broom
lapping the ground in search of the dead –
death is in the broom,
it is the tongue of death looking for the dead,
the needle of death looking for thread.

Death lies in our cots:
in the lazy mattresses, the black blankets,
lives at full stretch and then suddenly blows,
blows sound unknown filling out the sheets
and there are beds sailing into a harbour
where death is waiting, dressed as an admiral.

[N.T.]

Barcarola

Si solamente me tocaras el corazón,
si solamente pusieras tu boca en mi corazón,
tu fina boca, tus dientes,
si pusieras tu lengua como una flecha roja
allí donde mi corazón polvoriento golpea,
si soplaras en mi corazón, cerca del mar, llorando,
sonaría con un ruido oscuro, con sonido de ruedas de tren,
   con sueño,
como aguas vacilantes,
como el otoño en hojas,
como sangre,
con un ruido de llamas húmedas quemando el cielo,
soñando como sueños o ramas o lluvias,
o bocinas de puerto triste,
si tú soplaras en mi corazón, cerca del mar,
como un fantasma blanco,
al borde de la espuma,
en mitad del viento,
como un fantasma desencadenado, a la orilla del mar, llorando.

Como ausencia extendida, como campana súbita,
el mar reparte el sonido del corazón,
lloviendo, atardeciendo, en una costa sola:
la noche cae sin duda,
y su lúgubre azul de estandarte en naufragio
se puebla de planetas de plata enronquecida.

Y suena el corazón como un caracol agrio,
llama, oh mar, oh lamento, oh derretido espanto
esparcido en desgracias y olas desvencijadas:
de lo sonoro el mar acusa
sus sombras recostadas, sus amapolas verdes.

Barcarole

If only you would touch my heart,
if only you would put your lips to my heart,
your delicate mouth, your teeth,
if you would place your tongue like a red arrow
where my crumbling heart is beating,
if you would blow over my heart, near the sea, crying,
it would ring with an obscure sound, the sound of train
    wheels, of dreams,
like the to and fro of waters,
like autumn in leaf,
like blood,
with a noise of damp flames burning the sky,
dreaming like dreams, or branches, or winds,
or the horns of some sad port,
if you would blow on my heart near the sea
like a white ghost would blow,
on the lace of the spume,
in the cut of the wind,
like an unchained ghost crying at the sea's edge.

Like absence spun out, like a sudden bell,
the sea shares out the heart's own sound,
raining, dusking on a lone coast:
night falls without doubts
and the lugubrious blue of its shipwrecked banners
fills with a stridency of silver planets.

And the heart sounds like a crabbed shell,
calls: oh sea, oh cry, oh fear dissolved,
scattered in wreckages and dislocated waves:
the sea impeaches sound
for its leaning shadows, its green poppies.

Si existieras de pronto, en una costa lúgubre,
rodeada por el día muerto,
frente a una nueva noche,
llena de olas,
y soplaras en mi corazón de miedo frío,
soplaras en la sangre sola de mi corazón,
soplaras en su movimiento de paloma con llamas,
sonarían sus negras sílabas de sangre,
crecerían sus incesantes aguas rojas,
y sonaría, sonaría a sombras,
sonaría como la muerte,
llamaría como un tubo lleno de viento o llanto,
o una botella echando espanto a borbotones.

Así es, y los relámpagos cubrirían tus trenzas
y la lluvia entraría por tus ojos abiertos
a preparar el llanto que sordamente encierras,
y las alas negras del mar girarían en torno
de ti, con grandes garras, y graznidos, y vuelos.

Quieres ser el fantasma que sople, solitario,
cerca del mar su estéril, triste instrumento?
Si solamente llamaras,
su prolongado son, su maléfico pito,
su orden de olas heridas,
alguien vendría acaso,
alguien vendría,
desde las cimas de las islas, desde el fondo rojo del mar,
alguien vendría, alguien vendría.

Alguien vendría, sopla con furia,
que suene como sirena de barco roto,
como lamento,
como un relincho en medio de la espuma y la sangre
como un agua feroz mordiéndose y sonando.

If you were to come into being suddenly, on some sad coast,
surrounded by the stuff of the dead day,
face to face with a new night,
full of waves,
and were to blow on my cold, fearful heart,
on its lonesome blood,
on its flames like a flight of doves,
its black blood syllables would sound,
its unquenchable red waters swell
and it would sound and sound in the shadows,
it would sound like death itself,
calling like a pipe full of wind and crying,
or a bottle gushing fright.

So it is, and lightning would glaze your tresses,
and rain would come in through your open eyes
to hatch the cry you have incubated here
and the black wings of the sea would whirl round you
with a great flail of talons and raven cawings.

Do you want to be the lone ghost walking by the sea
blowing his pointless, disheartened instrument?
If only you would call
his drawn-out sound, his evil piping,
his melody of wounded waves,
someone would come perhaps,
someone would come,
from the crowns of the islands, up from the red sea depths
someone would come, someone indeed would come.

Someone would come, blow with fury,
that it may sound like the siren of a broken ship,
like a lament,
like neighing from the midst of surf and blood,
like fierce and self-devouring waters.

En la estación marina
su caracol de sombra circula como un grito,
los pájaros del mar lo desestiman y huyen,
sus listas de sonido, sus lúgubres barrotes
se levantan a orillas del océano solo.

In the marine season
a shell of shadows spirals like a cry,
seabirds mistrust it and flee,
its shreds of sound, its grid of misery
rise by the shores of the solitary ocean.

[N.T.]

El Sur del Océano

De consumida sal y garganta en pelígro
están hechas las rosas del océano solo,
el agua rota sin embargo,
y pájaros temibles,
y no hay sino la noche acompañada
del día, y el día acompañado
de un refugio, de una
pezuña, del silencio.

En el silencio crece el viento
con su hoja única y su flor golpeada,
y la arena que tiene sólo tacto y silencio,
no es nada, es una sombra,
una pisada de caballo vago,
no es nada sino una ola que el tiempo ha recibido,
porque todas las aguas van a los ojos fríos
del tiempo que debajo del océano mira.

Ya sus ojos han muerto de agua muerta y palomas,
y son dos agujeros de latitud amarga
por donde entran los peces de ensangrentados dientes
y las ballenas buscando esmeraldas,
y esqueletos de pálidos caballeros deshechos
por las lentas medusas, y además
varias asociaciones de arrayán venenoso,
manos aisladas, flechas,
revólveres de escama,
interminablemente corren por sus mejillas
y devoran sus ojos de sal destituida.

Oceanic South

The roses of this ocean are only made
of impoverished salt, a throat at risk,
water shattered nevertheless
and awe-inspiring birds –
and there is nothing save the night met with
the day, and the day met with
a refuge, a
hoof, silence.

The wind grows in silence
with his one leaf and his battered flower,
with the sand which owns only touch and silence –
it is nothing, it is a shade,
the track of an imagined horse,
it is nothing unless it be a wave time has received
since all waves go towards the cold eyes
of time glaring under the ocean.

Now his eyes have died of dead water and doves,
they are two needle holes whose width is bitterness,
where the bloody-mawed fish enter in,
whales in search of emeralds,
skeletons of pale horsemen disintegrating
in the slow sea-flower's arms and furthermore
various colonies of poisonous myrtle,
lone hands, arrows,
mother-of-pearl revolvers,
scrabbling interminably over his cheeks
and devouring his eyes of bankrupt salt.

Cuando la luna entrega sus naufragios,
sus cajones, sus muertos
cubiertos de amapolas masculinas,
cuando en el saco de la luna caen
los trajes sepultados en el mar
con sus largos tormentos, sus barbas derribadas,
sus cabezas que el agua y el orgullo pidieron para siempre,
en la extensión se oyen caer rodillas
hacia el fondo del mar traídas por la luna
en su saco de piedra gastado por las lágrimas
y por las mordeduras de pescados siniestros.

Es verdad, es la luna descendiendo
con crueles sacudidas de esponja, es, sin embargo,
la luna tambaleando entre las madrigueras,
la luna carcomida por los gritos del agua,
los vientres de la luna, sus escamas
de acero despedido: y desde entonces
al final del Océano desciende,
azul y azul, atravesada por azules,
ciegos azules de materia ciega,
arrastrando su cargamento corrompido,
buzos, maderas, dedos,
pescadora de la sangre que en las cimas del mar
ha sido derramada por grandes desventuras.

Pero hablo de una orilla, es allí donde azota
el mar con furia y las olas golpean
los muros de ceniza. Qué es esto? Es una sombra?
No es la sombra, es la arena de la triste república,
es un sistema de algas, hay alas, hay
un picotazo en el pecho del cielo:
oh superficie herida por las olas,
oh manantial del mar,
si la lluvia asegura tus secretos, si el viento interminable
mata los pájaros, si solamente el cielo,
sólo quiero morder tus costas y morirme,
sólo quiero mirar la boca de las piedras
por donde los secretos salen llenos de espuma.

When the moon delivers up her shipwrecks,
her chests, her dead,
covered with male poppies,
when the uniforms buried in the sea
fall into the moon's bag
with their wide-sleeved torments, their beards pulled down,
their heads claimed for ever by water and pride,
in their unfolding you can hear knees collapsing,
drawn down by the moon to the sea floor
in her bag of stone wasted by tears
and the bites of sinister fish.

It's true, it is the moon descending
with the electro-shocks of sponges, it is nevertheless
the moon tumbling among burrows,
the moon worm-drilled by the screeches of water,
the bellies of the moon, her scales
of spent steel, and from then on
to the bottom of the ocean she descends,
blue upon blue, shot through with blues,
blind blues made of blind matter,
dragging along her corrupted cargo,
divers, spars, fingers,
fisherwoman of the blood which, in the trenches of the sea
has been set adrift by great catastrophes.

But I speak of a shore, it is there the sea lashes
with her wild waves the cinder middens.
What's this? a shade?
No, shade itself, the sand of the unhappy republic,
a system of seaweeds, with wings, with
a pecking in the breast of the sky:
oh surface wounded by waves,
oh fountain of the sea,
if rain should secure your secrets, if the interminable wind
were to kill all birds, if only the sky . . .
I only want to bite your coasts and die,
I only want to look into the maw of the stones
where secrets emerge full of surf and spume.

Es una región sola, ya he hablado
de esta región tan sola,
donde la tierra está llena de océano,
y no hay nadie sino unas huellas de caballo,
no hay nadie sino el viento, no hay nadie
sino la lluvia que cae sobre las aguas del mar,
nadie sino la lluvia que crece sobre el mar.

It is a lonely region, I have already spoken
of that region so desolate
where the earth is brim-full of ocean
and there is no one — only tracks of horses,
no one save the wind, no one
only the rain adding to the sea's waters,
no one, only the rain growing over the sea.

[N.T.]

Walking Around

Sucede que me canso de ser hombre.
Sucede que entro en las sastrerías y en los cines
marchito, impenetrable, como un cisne de fieltro
navegando en un agua de origen y ceniza.

El olor de las peluquerías me hace llorar a gritos.
Sólo quiero un descanso de piedras o de lana,
sólo quiero no ver establecimientos ni jardines,
ni mercaderías, ni anteojos, ni ascensores.

Sucede que me canso de mis pies y mis uñas
y mi pelo y mi sombra.
Sucede que me canso de ser hombre.

Sin embargo sería delicioso
asustar a un notario con un lirio cortado
o dar muerte a una monja con un golpe de oreja.
Sería bello
ir por las calles con un cuchillo verde
y dando gritos hasta morir de frío.

No quiero seguir siendo raíz en las tinieblas,
vacilante, extendido, tiritando de sueño,
hacia abajo, en las tripas mojadas de la tierra,
absorbiendo y pensando, comiendo cada día.

No quiero para mí tantas desgracias.
No quiero continuar de raíz y de tumba,
de subterráneo solo, de bodega con muertos,
aterido, muriéndome de pena.

Walking Around

It happens that I am tired of being a man.
It happens that I go into the tailors' shops and the movies
all shrivelled up, impenetrable, like a felt swan
navigating on a water of origin and ash.

The smell of barber shops makes me sob out loud.
I want nothing but the repose either of stones or of wool,
I want to see no more establishments, no more gardens,
nor merchandise, nor glasses, nor elevators.

It happens that I am tired of my feet and my nails
and my hair and my shadow.
It happens that I am tired of being a man.

Just the same it would be delicious
to scare a notary with a cut lily
or knock a nun stone dead with one blow of an ear.
It would be beautiful
to go through the streets with a green knife
shouting until I died of cold.

I do not want to go on being a root in the dark,
hesitating, stretched out, shivering with dreams,
downwards, in the wet tripe of the earth,
soaking it up and thinking, eating every day.

I do not want to be the inheritor of so many misfortunes.
I do not want to continue as a root and as a tomb,
as a solitary tunnel, as a cellar full of corpses,
stiff with cold, dying with pain.

Por eso el día lunes arde como el petróleo
cuando me ve llegar con mi cara de cárcel,
y aúlla en su transcurso como una rueda herida,
y da pasos de sangre caliente hacia la noche.

Y me empuja a ciertos rincones, a ciertas casas húmedas,
a hospitales donde los huesos salen por la ventana,
a ciertas zapaterías con olor a vinagre,
a calles espantosas como grietas.

Hay pájaros de color de azufre y horribles intestinos
colgando de las puertas de las casas que odio,
hay dentaduras olvidadas en una cafetera,
hay espejos
que debieran haber llorado de vergüenza y espanto,
hay paraguas en todas partes, y venenos, y ombligos.

Yo paseo con calma, con ojos, con zapatos,
con furia, con olvido,
paso, cruzo oficinas y tiendas de ortopedia,
y patios donde hay ropas colgadas de un alambre:
calzoncillos, toallas y camisas que lloran
lentas lágrimas sucias.

For this reason Monday burns like oil
at the sight of me arriving with my jail-face,
and it howls in passing like a wounded wheel,
and its footsteps towards nightfall are filled with hot blood.

And it shoves me along to certain corners, to certain damp
        houses,
to hospitals where the bones come out of the windows,
to certain cobblers' shops smelling of vinegar,
to streets horrendous as crevices.

There are birds the colour of sulphur, and horrible intestines
hanging from the doors of the houses which I hate,
there are forgotten sets of teeth in a coffee-pot,
there are mirrors
which should have wept with shame and horror,
there are umbrellas all over the place, and poisons, and navels.

I stride along with calm, with eyes, with shoes,
with fury, with forgetfulness,
I pass, I cross offices and stores full of orthopedic appliances,
and courtyards hung with clothes on wires,
underpants, towels and shirts which weep
slow dirty tears.

                                        [W.S.M.]

Oda Con un Lamento

Oh niña entre las rosas, oh presión de palomas,
oh presidio de peces y rosales,
tu alma es una botella llena de sal sedienta
y una campana llena de uvas es tu piel.

Por desgracia no tengo para darte sino uñas
o pestañas, o pianos derretidos,
o sueños que salen de mi corazón a borbotones,
polvorientos sueños que corren como jinetes negros,
sueños llenos de velocidades y desgracias.

Sólo puedo quererte con besos y amapolas,
con guirnaldas mojadas por la lluvia,
mirando cenicientos caballos y perros amarillos.
Sólo puedo quererte con olas a la espalda,
entre vagos golpes de azufre y aguas ensimismadas,
nadando en contra de los cementerios que corren en ciertos ríos
con pasto mojado creciendo sobre las tristes tumbas de veso,
nadando a través de corazones sumergidos
y pálidas planillas de niños insepultos.

Hay mucha muerte, muchos acontecimientos funerarios
en mis desamparadas pasiones y desolados besos,
hay el agua que cae en mi cabeza,
mientras crece mi pelo,
un agua como el tiempo, un agua negra desencadenada,
con una voz nocturna, con un grito
de pájaro en la lluvia, con una interminable
sombra de ala mojada que protege mis huesos:
mientras me visto, mientras
interminablemente me miro en los espejos y en los vidrios,
oigo que alguien me sigue llamándome a sollozos
con una triste voz podrida por el tiempo.

Ode With a Lament

Oh girl among the roses, oh pressure of doves,
oh jail of fish and rose-bushes,
your soul is a bottle full of thirsting salt
and a bell of grapes is your skin.

What a pity that I have nothing to give you except
the nails of my fingers, or eyelashes, or pianos melted by love,
or dreams which pour from my heart in torrents,
dreams covered with dust, which gallop like black riders,
dreams full of velocities and misfortunes.

I can love you only with kisses and poppies,
with garlands wet with rain,
my eyes full of ember-red horses and yellow dogs.
I can love you only with waves on the shoulder,
amid random blows of sulphur, and waters lost in thought,
swimming against the cemeteries which run in certain rivers
with wet grass growing over the sad plaster tombs,
swimming across the sunken hearts
and the small pale pages of unburied children.

There is a great deal of death, there are funeral events
in my helpless passions and desolate kisses,
there is the water which falls in my head,
while my hair grows,
a water like time, a black unchained water,
with a nocturnal voice, with the cry
of a bird in the rain, with an unending
shadow, a shadow of a wet wing which protects my bones:
while I dress myself, while
endlessly I stare at myself in the mirrors and window-panes,
I hear someone following me, calling me, sobbing,
with a sad voice rotted by time.

Tú estás de pie sobre la tierra, llena
de dientes y relámpagos.
Tú propagas los besos y matas las hormigas.
Tú lloras de salud, de cebolla, de abeja,
de abecedario ardiendo.
Tú eres como una espada azul y verde
y ondulas al tocarte, como un río.

Ven a mi alma vestida de blanco, con un ramo
de ensangrentadas rosas y copas de cenizas,
ven con una manzana y un caballo,
porque allí hay una sala oscura y un candelabro roto,
unas sillas torcidas que esperan el invierno,
y una paloma muerta, con un número.

You are standing over the earth, full
of teeth and lightning.
You propagate kisses and you kill the ants.
You weep tears of health, of the onion, of the bee,
of the burning alphabet.
You are like a sword, blue and green,
and you undulate to the touch like a river.

Come to my soul dressed in white, with a branch
of bleeding roses and goblets of ashes,
come with an apple and a horse,
for there is a dark room with a broken candelabra,
a few twisted chairs waiting for winter,
and a dead dove, with a number.

[W.S.M.]

Entrada a la Madera

Con mi razón apenas, con mis dedos,
con lentas aguas lentas inundadas,
caigo al imperio de los nomeolvides,
a una tenaz atmósfera de luto,
a una olvidada sala decaída,
a un racimo de tréboles amargos.

Caigo en la sombra, en medio
de destruídas cosas,
y miro arañas, y apaciento bosques
de secretas maderas inconclusas,
y ando entre húmedas fibras arrancadas
al vivo ser de substancia y silencio.

Dulce materia, oh rosa de alas secas,
en mi hundimiento tus pétalos subo
con pies pesados de roja fatiga,
y en tu catedral dura me arrodillo
golpeándome los labios con un ángel.

Es que soy yo ante tu color de mundo,
ante tus pálidas espadas muertas,
ante tus corazones reunidos,
ante tu silenciosa multitud.

Soy yo ante tu ola de olores muriendo,
envueltos en otoño y resistencia:
soy yo emprendiendo un viaje funerario
entre tus cicatrices amarillas:

The Way Into Wood

By the skin of my reason, with my fingers,
with slow waters indolently swamped,
I fall to the imperium of the forget-me-nots,
an unforgiving air of mournfulness,
a decayed, forgotten hall
and a cluster of bitter clovers.

I fall into the shadows, to the core
of shattered things,
and I see spiders, and pasture coppices
of secret, inconclusive timbers,
pacing through soaked, uprooted fibres
at the living heart of matter and silence.

Oh lovely matter, dry-winged rose,
as I drown I climb your petals,
my feet are burning with fatigue,
I kneel down in your hard cathedral
thrashing my lips with an angel.

It is because I am myself faced with your colour of world,
with your pale dead shoulders,
your gathered hearts,
your silent multitude.

It is I dying under your wave of odours
wrapped in autumn and resistance:
about to take a funeral journey
along the ridges of yellow scars:

soy yo con mis lamentos sin origen,
sin alimentos, desvelado, solo,
entrando oscurecidos corredores,
llegando a tu materia misteriosa.

Veo moverse tus corrientes secas,
veo crecer manos interrumpidas,
oigo tus vegetales oceánicos
crujir de noche y furia sacudidos,
y siento morir hojas hacia adentro,
incorporando materiales verdes
a tu inmovilidad desamparada.

Poros, vetas, círculos de dulzura,
peso, temperatura silenciosa,
flechas pegadas a tu alma caída,
seres dormidos en tu boca espesa,
polvo de dulce pulpa consumida,
ceniza llena de apagadas almas,
venid a mí, a mi sueño sin medida,
caed en mi alcoba en que la noche cae
y cae sin cesar como agua rota,
y a vuestra vida, a vuestra muerte asidme,
a vuestros materiales sometidos,
a vuestras muertas palomas neutrales,
y hagamos fuego, y silencio, y sonido,
y ardamos, y callemos, y campanas.

I with my lamentations that have no genesis,
hungry, sleepless, alone,
threading darkened corridors,
arriving at your mysterious essence.

I see the course of your petrified currents,
the growth of frozen, interrupted hands,
I hear your oceanic vegetations
rustling by night, enraged, intractable,
and I feel the leaves dying to the very core,
fusing their green materials
with your abandoned immobility.

Pores, veins, rings of sweetness,
weight, silent temperature,
arrows struck into your fallen soul,
beings asleep in your thick mouth,
shreds of sweet pulp devoured entirely,
ashes full of extinguished souls,
gather to me, to my limitless dream,
fall into my bed where the night falls
and fall without an end like broken water,
clasp me to your life, to your death,
to your submissive materials,
to your dead, neutralized doves,
and let us make fire, and silence, and sound,
and let us burn, and be hushed among bells.

[N.T.]

Vuelve el Otoño

Un enlutado día cae de las campanas
como una temblorosa tela de vaga viuda,
es un color, un sueño
de cerezas hundidas en la tierra,
es una cola de humo que llega sin descanso
a cambiar el color del agua y de los besos.

No sé si se me entiende: cuando desde lo alto
se avecina la noche, cuando el solitario poeta
a la ventana oye correr el corcel del otoño
y las hojas del miedo pisoteado crujen en sus arterias,
hay algo sobre el cielo, como lengua de buey
espeso, algo en la duda del cielo y de la atmósfera.

Vuelven las cosas a su sitio,
el abogado indispensable, las manos, el aceite,
las botellas,
todos los indicios de la vida: las camas, sobre todo,
están llenas de un líquido sangriento,
la gente deposita sus confianzas en sórdidas orejas,
los asesinos bajan escaleras,
pero no es esto, sino el viejo galope,
el caballo del viejo otoño que tiembla y dura.

El caballo del viejo otoño tiene la barba roja
y la espuma del miedo le cubre las mejillas
y el aire que le sigue tiene forma de océano
y perfume de vaga podredumbre enterrada.

Todos los días baja del cielo un color ceniciento
que las palomas deben repartir por la tierra:

Autumn Returns

A day dressed in mourning falls from the bells
like a fluttering veil of a roving widow,
it is a colour, a dream
of cherries sunk in the earth,
a tail of smoke restlessly arriving
to change the colour of water and of kisses.

I am not sure that I make myself understood: when night
approaches from the heights, when the solitary poet
at his window hears the galloping horse of autumn
and the trampled leaves of fear rustle in his arteries,
there is something over the sky, like the tongue of an ox,
thick, something in the uncertainty of the sky and the
    atmosphere.

Things return to their place,
the indispensable lawyer, the hands, the oil,
the bottles,
all the signs of life: the beds, above all,
are filled with a bloody liquid,
the people deposit its secrets in sordid ears,
the assassins come down stairs,
but it's not that, but the old gallop,
the horse of old autumn, which trembles and endures.

The horse of old autumn has a red beard
and the froth of fear covers his cheeks
and the air which follows him is shaped like an ocean
and smells of vague buried decay.

Every day a colour like ashes drops from the sky;
the doves must deal it out for the earth:

la cuerda que el olvido y las lágrimas tejen,
el tiempo que ha dormido largos años dentro de las campanas,
todo,
los viejos trajes mordidos, las mujeres, que ven venir la nieve,
las amapolas negras que nadie puede contemplar sin morir,
todo cae a las manos que levanto
en medio de la lluvia.

the rope which is woven by oblivion and tears,
time which has slept long years in the bells,
everything,
the outworn clothes, the women watching the snow fall,
the black poppies which no one can look at without dying,
everything falls into the hands which I raise
into the midst of the rain.

[W.S.M.]

No Hay Olvido (Sonata)

Si me preguntáis en dónde he estado
debo decir 'Sucede'.
Debo de hablar del suelo que oscurecen las piedras,
del río que durando se destruye:
no sé sino las cosas que los pájaros pierden,
el mar dejado atrás, o mi hermana llorando.
Por qué tantas regiones, por qué un día
se junta con un día? Por qué una negra noche
se acumula en la boca? Por qué muertos?

Si me preguntáis de dónde vengo, tengo que conversar con
    cosas rotas,
con utensilios demasiado amargos,
con grandes bestias a menudo podridas
y con mi acongojado corazón.

No son recuerdos los que se han cruzado
ni es la paloma amarillenta que duerme en el olvido,
sino caras con lágrimas,
dedos en el garganta,
y lo que se desploma de las hojas:
la oscuridad de un día transcurrido,
de un día alimentado con nuestra triste sangre.

He aquí violetas, golondrinas,
todo cuanto nos gusta y aparece
en las dulces tarjetas de larga cola
por donde se pasean el tiempo y la dulzura.

Pero no penetremos más allá de esos dientes,
no mordamos las cáscaras que el silencio acumula,
porque no sé qué contestar:

There's No Forgetting (Sonata)

If you should ask me where I've been all this time
I have to say 'Things happen.'
I have to dwell on stones darkening the earth,
on the river ruined in its own duration:
I know nothing save things the birds have lost,
the sea I left behind, or my sister crying.
Why this abundance of places? Why does day lock
with day? Why the dark night swilling round
in our mouths? And why the dead?

Should you ask me where I come from, I must talk
with broken things,
with fairly painful utensils,
with great beasts turned to dust as often as not
and my afflicted heart.

These are not memories that have passed each other
nor the yellowing pigeon asleep in our forgetting;
these are tearful faces
and fingers down our throats
and whatever among leaves falls to the ground:
the dark of a day gone by
grown fat on our grieving blood.

Here are violets, and here swallows,
all things we love and which inform
sweet messages seriatim
through which time passes and sweetness passes.

We don't get far, though, beyond these teeth:
Why waste time gnawing the husks of silence?
I know not what to answer:

hay tantos muertos,
y tantos malecones que el sol rojo partía
y tantas cabezas que golpean los buques,
y tantas manos que han encerrado besos,
y tantas cosas que quiero olvidar.

there are so many dead,
and so many dikes the red sun breached,
and so many heads battering hulls
and so many hands that have closed over kisses
and so many things that I want to forget.

[N.T.]

From
Tercera Residencia
(1947)

Alianza (Sonata)

Ni el corazón cortado por un vidrio
en un erial de espinas,
ni las aguas atroces vistas en los rincones
de ciertas casas, aguas como párpados y ojos,
podrían sujetar tu cintura en mis manos
cuando mi corazón levanta sus encinas
hacia tu inquebrantable hilo de nieve.

Nocturno azúcar, espíritu
de las coronas,
         redimida
sangre humana, tus besos
me destierran,
y un golpe de agua con restos del mar
golpea los silencios que te esperan
rodeando las gastadas sillas, gastando puertas.

Noches con ejes claros,
partida, material, únicamente
voz, únicamente
desnuda cada día.

Sobre tus pechos de corriente inmóvil,
sobre tus piernas de dureza y agua,
sobre la permanencia y el orgullo
de tu pelo desnudo,
quiero estar, amor mío, ya tiradas las lágrimas
al ronco cesto donde se acumulan,
quiero estar, amor mío, solo con una sílaba
de plata destrozada, solo con una punta
de tu pecho de nieve.

Pact (Sonata)

Neither the heart cut by a piece of glass
in a wasteland of thorns
nor the atrocious waters seen in the corners
of certain houses, waters like eyelids and eyes
can capture your waist in my hands
when my heart lifts its oaks
towards your unbreakable thread of snow.

Nocturnal sugar, spirit
of the crowns,
              ransomed
human blood, your kisses
send me into exile
and a stroke of water, with remnants of the sea,
beats on the silences that wait for you
surrounding the worn chairs, wearing out doors.

Nights with bright spindles,
divided, material, nothing
but voice, nothing but
naked every day.

Over your breasts of motionless current,
over your legs of firmness and water,
over the permanence and the pride
of your naked hair
I want to be, my love, now that the tears are thrown
into the raucous basket where they accumulate,
I want to be, my love, alone with a syllable
of mangled silver, alone with a tip
of your breast of snow.

Ya no es posible, a veces
ganar sino cayendo,
ya no es posible, entre dos seres
temblar, tocar la flor del río:
hebras de hombres vienen como agujas,
tramitaciones, trozos,
familias de coral repulsivo, tormentas
y pasos duros por alfombras
de invierno.

Entre labios y labios hay ciudades
de gran ceniza y húmeda cimera,
gotas de cuándo y cómo, indefinidas
circulaciones:
entre labios y labios como por una costa
de arena y vidrio, pasa el viento.
Por eso eres sin fin, recógeme como si fueras
toda solemnidad, toda nocturna
como una zona, hasta que te confundas
con las líneas del tiempo.

                 Avanza en la dulzura,
vén a mi lado hasta que las digitales
hojas de los violines
hayan callado, hasta que los musgos
arraiguen en el trueno, hasta que del latido
de mano y mano bajen las raíces.

By now sometimes it is not possible
to win except by falling,
by now it is not possible to tremble between
two beings, to touch the flower of the river:
fibres of man come like needles,
procedures, fragments,
families of repulsive coral, torments
and hard steps for winter
carpets.

Between lips and lips there are cities
of great ash and moist summit,
drops of when and how, vague
comings and goings:
between lips and lips as along a shore
of sand and glass the wind passes.

Therefore you are endless; gather me as though you were
all solemnity, all made of night
like a zone, until you are indistinguishable
from the lines of time.
                                    Advance into sweetness,
come to my side until the fingery
leaves of the violins
have gone silent, until the mosses
take root in the thunder, until from the pulse
of hand and hand the roots descend.

                                              [W.S.M.]

Vals

Yo toco el odio como pecho diurno,
yo sin cesar, de ropa en ropa vengo
durmiendo lejos.

No soy, no sirvo, no conozco a nadie,
no tengo armas de mar ni de madera,
no vivo en esta casa.

De noche y agua está mi boca llena.
La duradera luna determina
lo que no tengo.

Lo que tengo está en medio de las olas.
Un rayo de agua, un día para mí:
un fondo férreo.

No hay contramar, no hay escudo, no hay traje,
no hay especial solución insondable,
ni párpado vicioso.

Vivo de pronto y otras veces sigo.
Toco de pronto un rostro y me asesina.
No tengo tiempo.

No me busquéis entonces descorriendo
el habitual hilo salvaje o la
sangrienta enredadera.

No me llaméis: mi ocupación es ésa.
No preguntéis mi nombre ni mi estado.
Dejadme en medio de mi propia luna,
en mi terreno herido.

Waltz

I touch hatred like a covered breast;
I without ceasing come from garment to garment,
sleeping at a distance.

I am not, I'm of no use, I do not know
anyone; I have no weapons of ocean or wood,
I do not live in this house.

My mouth is full of night and water.
The abiding moon determines
what I do not have.

What I have is in the midst of the waves.
A ray of water, a day for myself,
an iron depth.

There is no cross-tide, there is no shield and no costume,
there is no special solution too deep to be sounded,
no vicious eyelid.

I live suddenly and other times I follow.
I touch a face suddenly and it murders me.
I have no time.

Do not look for me then drawing
the usual wild thread or the
bleeding net.

Do not call me: that is my occupation.
Do not ask my name or my condition.
Leave me in the middle of my own moon
in my wounded ground.

[W.S.M.]

Bruselas

De todo lo que he hecho, de todo lo que he perdido,
de todo lo que he ganado sobresaltadamente,
en hierro amargo, en hojas, puedo ofrecer un poco.

Un sabor asustado, un río que las plumas
de las quemantes águilas van cubriendo, un sulfúrico
retroceso de pétalos.

No me perdona ya la sal entera
ni el pan continuo, ni la pequeña iglesia devorada
por la lluvia marina, ni el carbón mordido
por la espuma secreta.

He buscado y hallado, pesadamente,
bajo la tierra, entre los cuerpos temibles,
como un diente de pálida madera
llegando y yendo bajo el ácido duro,
junto a los materiales
de la agonía, entre luna y cuchillos,
muriendo de nocturno.

Ahora, en medio
de la velocidad desestimada, al lado
de los muros sin hilos,
en el fondo cortado por los términos,
aquí estoy con aquello que pierde estrellas,
vegetalmente, solo.

Brussels

Of all I have done, of all I have lost,
of all I have startlingly won
in bitter iron, in leaves, I can offer a little:

A frightened savour, a river which the feathers
of burning eagles are beginning to cover, a sulphurous
receding of petals.

        I am no longer forgiven by whole salt
nor continuous bread, nor the small church devoured
by the sea rain, nor coal bitten
by the secret spray.

I have sought and found, wearily,
under the ground, between the fearsome bodies,
like a pale-wood tooth
coming and going under the tough acid,
alongside the materials
for a death-agony, between knives and moon,
dying nocturnally.

        Now, in the midst
of unesteemed velocity, beside
wire-less walls,
at the bottom bisected by terminals,
here I am with what shipwrecks stars,
vegetably, alone.

                        [A.K.]

Naciendo en los Bosques

Cuando el arroz retira de la tierra
los granos de su harina,
cuando el trigo endurece sus pequeñas caderas y levanta su
    rostro de mil manos,
a la enramada donde la mujer y el hombre se enlazan acudo,
para tocar el mar innumerable
de lo que continúa.

Yo no soy hermano del utensilio llevado en la marea
como en una cuna de nácar combatido:
no tiemblo en la comarca de los agonizantes despojos,
no despierto en el golpe de las tinieblas asustadas
por el ronco pecíolo de la campana repentina,
no puedo ser, no soy el pasajero
bajo cuyos zapatos los últimos reductos del viento palpitan
y rígidas retornan las olas del tiempo a morir.

Llevo en mi mano la paloma que duerme reclinada en la
    semilla
y en su fermento espeso de cal y sangre
vive Agosto,
vive el mes extraído de su copa profunda:
con mi mano rodeo la nueva sombra del ala que crece:
la raíz y la pluma que mañana formarán la espesura.

Nunca declina, ni junto al balcón de manos de hierro,
ni en el invierno marítimo de los abandonados, ni en mi paso
    tardío,
el crecimiento inmenso de la gota, ni el párpado que quiere
    ser abierto:

Being Born in the Woods

When the rice withdraws from the earth
the grains of its flour,
when the wheat hardens its little hip-joints and lifts its face of
    a thousand hands,
I make my way to the grove where the woman and the man
    embrace,
to touch the innumerable sea
of what continues.

I am not a brother of the implement carried on the tide
as in a cradle of embattled mother-of-pearl:
I do not tremble in the territory of the dying garbage,
I do not wake at the shock of the dark
that is frightened by the hoarse leaf-stalks of the sudden bell,
I cannot be, I am not the traveller
under whose shoes the last remnants of the wind throb
and the waves come back rigid out of time to die.

I carry in my hand the dove that sleeps recumbent in the seed
and in its dense ferment of lime and blood
August lives,
raised out of its deep goblet the month lives:
with my hand I encircle the new shadow of the wing that is
    growing:
the root and the feather that will form the thicket of
    tomorrow.

The immense growth of the drop, and the eyelid yearning to
    be open
never diminish, neither beside the balcony of iron hands
nor in the maritime winter of the abandoned, nor in my late
    footstep:

porque para nacer he nacido, para encerrar el paso
de cuanto se aproxima, de cuanto a mi pecho golpea como
   un nuevo
corazón tembloroso.

Vidas recostadas junto a mi traje como palomas paralelas,
o contenidas en mi propia existencia y en mi desordenado
   sonido
para volver a ser, para incautar el aire desnudo de la hoja
y el nacimiento húmedo de la tierra en la guirnalda: hasta
   cuándo
debo volver y ser, hasta cuándo el olor
de las más enterradas flores, de las olas más trituradas
sobre las altas piedras, guardan en mí su patria
para volver a ser furia y perfume?

Hasta cuándo la mano del bosque en la lluvia
me avecina con todas sus agujas
para tejer los altos besos del follaje?
                        Otra vez
escucho aproximarse como el fuego en el humo,
nacer de la ceniza terrestre,
la luz llena de pétalos,
                             y apartando la tierra
en un río de espigas llega el sol a mi boca
como una vieja lágrima enterrada que vuelve a ser semilla.

for I was born in order to be born, to contain the steps
of all that approaches, of all that beats on my breast like a
   new
trembling heart.

Lives resting beside my clothes like parallel doves
or contained in my own existence and in my lawless sound
in order to return to being, to lay hold on the air denuded of
   its leaf
and on the moist birth of the soil in the wreath: how long
can I return and be, how long can the odour
of the most deeply buried flowers, of the waves most finely
pulverized on the high rocks, preserve in me their homeland
where they can return to be fury and perfume?

How long will the hand of the woods in the rain
come close to me with all its needles
to weave the high kisses of the foliage?
                                        Again
I listen to the approach, like that of a fire in smoke,
of the birth of the light full of petals
from the ash of earth,
                            and dividing the ground
into a river of wheat ears the sun reaches my mouth
like an old buried tear that has become seed again.
                                              [W.S.M.]

(En 1934 fué escrito este poema. Cuántas cosas han sobrevenido desde entonces! España, donde lo escribí, es una cintura de ruinas. Ay! si con sólo una gota de poesía o de amor pudiéramos aplacar la ira del mundo, pero eso sólo lo pueden la lucha y el corazón resuelto.

El mundo ha cambiado y mi poesía ha cambiado. Una gota de sangre caída en estas líneas quedará viviendo sobre ellas, indeleble como el amor.

Marzo de 1939)

Las Furias y Las Penas

'Hay en mi corazón furias y penas.'
Quevedo

En el fondo del pecho estamos juntos,
en el cañaveral del pecho recorremos
un verano de tigres,
al ececho de un metro de piel fría,
al acecho de un ramo de inaccesible cutis,
con la boca olfateando sudor y venas verdes
nos encontramos en la húmeda sombra que deja caer besos.

Tú mi enemiga de tanto sueño roto de la misma manera
que erizadas plantas de vidrio, lo mismo que campanas
deshechas de manera amenazante, tanto como disparos
de hiedra negra en medio del perfume,
enemiga de grandes caderas que mi pelo han tocado
con un ronco rocío, con una lengua de agua,
no obstante el mudo frío de los dientes y el odio de los ojos,
y la batalla de agonizantes bestias que cuidan el olvido,
en algún sitio del verano estamos juntos
acechando con labios que la sed ha invadido.

(This poem was written in 1934. How much has happened since then! Spain, where I wrote it, is a belt of ruins. Ah! if we could only placate the world's rage with a drop of poetry or of love — but only the struggle and the daring heart are capable of that.

The world and my poetry have both changed. A drop of blood fallen on these lines will remain alive within them, as indelible as love.

March 1939)

Furies and Sufferings

> 'There are in my heart furies and sufferings.'
>
> Quevedo

In the pit of our breasts we are together,
in the heart's plantations we traverse
a summer of tigers.
Lying in wait for a length of cold skin,
a sliver of untouchable complexion,
with our mouths inhaling sweat, with green veins
we meet in the damp shadows, in a rain of kisses.

You my enemy of so much sleep broken in the same manner
as bristling plants of grass, the same as threatening,
dissipated chimes, much like explosions
of black ivy in the distillation of perfume,
my wide-hipped enemy whom my hair has brushed
with an acrid dew, with a tongue of water –
notwithstanding the cold silence of teeth, the hatred of eyes,
the struggle of dying beasts, guardians of oblivion –
in some location of summer we are together
lying in wait with parched lips, possessed by thirst.

Si hay alguien que traspasa
una pared con círculos de fósforo
y hiere el centro de unos dulces miembros
y muerde cada hoja de un bosque dando gritos,
tengo también tus ojos de sangrienta luciérnaga
capaces de impregnar y atravesar rodillas
y gargantas rodeadas de seda general.

Cuando en las reuniones
el azar, la ceniza, las bebidas,
el aire interrumpido,
pero ahí están tus ojos oliendo a cacería,
a rayo verde que agujerea pechos,
tus dientes que abren manzanas de las que cae sangre,
tus piernas que se adhieren al sol dando gemidos,
y tus tetas de nácar y tus pies de amapola,
como embudos llenos de dientes que buscan sombra,
como rosas hechas de látigo y perfume, y aun,
aun más, aun más,
aun detrás de los párpados, aun detrás del cielo,
aun detrás de los trajes y los viajes, en las calles donde la
    gente orina,
adivinas los cuerpos,
en las agrias iglesias a medio destruir, en las cabinas que el
    mar lleva en las manos,
acechas con tus labios sin embargo floridos,
rompes a cuchilladas la madera y la plata,
crecen tus grandes venas que asustan:
no hay cáscara, no hay distancia ni hierro,
tocan manos tus manos,
y caes haciendo crepitar las flores negras.

Adivinas los cuerpos!
Como un insecto herido de mandatos,
adivinas el centro de la sangre y vigilas
los músculos que postergan la aurora, asaltas sacudidas,
relámpagos, cabezas,
y tocas largamente las piernas que te guían.

If there be anyone who can jump through
a wall with rings of phosphorus
to wound the core of some sweet limbs
biting each leaf of a coppice, shrieking the while,
I also have your eyes of bleeding fireflies
that can fill up and pierce through knees
and throats wreathed in common silk.

When we're at parties —
lady luck, ashes, drinks,
the staccato air —
but there are your eyes prying, hunting,
green-rayed, puncturing breasts,
your teeth opening apples which drip with blood,
your legs moaning and clasping the sun,
your mother-of-pearl nipples, your poppy feet
like rows of teeth in a funnel looking for shade,
like roses made of whips and perfume, and yet,
yet more, yet more,
even behind eyelids, behind sky,
behind clothes, beyond travels, in the piss-drenched streets,
you divine the bodies,
in the sour, half-ruined churches, in hovels on the sea's hands,
you lie in wait with your lips in flower nonetheless,
gashing wood and silver,
your great veins swell and terrify:
there is no husk, no distance, nor iron,
your hands touch hands
and you fall in fireworks of black flowers.

You smell out bodies!
Like an insect wounded with injunctions
you divine the mid-current of the blood,
watch over muscles holding back the dawn,
storm-strikes, thunders, heads,
and stroke with long caresses the legs that guide you.

Oh, conducida herida de flechas especiales!

Hueles lo húmedo en medio de la noche?

O un brusco vaso de rosales quemados?

Oyes caer la ropa, las llaves, las monedas
en las espesas casas donde llegas desnuda?
Mi odio es una sola mano que te indica
el callado camino, las sábanas en que alguien ha dormido
con sobresalto: llegas
y ruedas por el suelo manejada y mordida,
y el viejo olor del semen como una enredadera
de cenicienta harina se desliza a tu boca.

Ay leves locas copas y pestañas,
aire que inunda un entreabierto río
como una sol-paloma de colérico cauce,
como atributo de agua sublevada,
ay substancias, sabores, párpados de ala viva
con un temblor, con una ciega flor temible,
ay graves, serios pechos como rostros,
ay grandes muslos llenos de miel verde,
y talones y sombra de pies, y transcurridas
respiraciones y superficies de pálida piedra,
y duras olas que suben la piel hacia la muerte
llenas de celestiales harinas empapadas.
Entonces, este río
va entre nosotros, y por una ribera
vas tú mordiendo bocas?

Entonces es que estoy verdaderamente, verdaderamente lejos
y un río de agua ardiendo pasa en lo oscuro?
Ay cuántas veces eres la que el odio no nombra,
y de qué modo hundido en las tinieblas,
y bajo qué lluvias de estiércol machacado
tu estatua en mi corazón devora el trébol.

Oh channelled wound of specific arrows!

Can you smell out the damp at deep midnight?

Or a rough tub of charred rose-bushes?

Do you hear clothes fall, and keys, and coins
in the thick houses you visit nude?
My hate is but a hand that points towards
hushed streets, the sheets in which someone has slept
in apprehension: you arrive
and tumble on the ground, covered, handled, bitten,
and the old stink of semen like a climbing vine
the shade of ashen flour slithers over your mouth.

Ah light and lunatic foliage and fringes,
air in which an open river drowns
like a sundove in an angry ditch,
like the attributes of rebellious waters,
ah substances, tastes, live-winged eyelids,
trembling with a blind, redoubtable flower,
ah grave and dignified breasts like faces,
great thighs brimming with green honey,
heels and shadows of feet and breathing
lapsed, and tables of pale stone,
and hard waves scaling the skin as far as death
full of a saturation of celestial flour!
And so this river
this river runs between us, and along one bank
do you run biting mouths?

And am I then truly, truly exiled
while a river of burning water passes in the dark?
How many times you are the one hatred leaves nameless,
how, drowned in the shadows,
under a rain of pulverized dung
your statue devours the clover in my heart.

El odio es un martillo que golpea tu traje
y tu frente escarlata,
y los días del corazón caen en tus orejas
como vagos buhos de sangre eliminada,
y los collares que gota a gota se formaron con lágrimas
rodean tu garganta quemándote la voz como con hielo.

Es para que nunca, nunca
hables, es para que nunca, nunca
salga una golondrina del nido de la lengua
y para que las ortigas destruyan tu garganta
y un viento de buque áspero te habite.

En dónde te desvistes?
En un ferrocarril, junto a un peruano rojo
o con un segador, entre terrones, a la violenta
luz del trigo?
O corres con ciertos abogados de mirada terrible
largamente desnuda, a la orilla del agua de la noche?

Miras: no ves la luna ni el jacinto
ni la oscuridad goteada de humedades,
ni el tren de cieno, ni el marfil partido:
ves cinturas delgadas como oxígeno,
pechos que aguardan acumulando peso
e idéntica al zafiro de lunar avaricia
palpitas desde el dulce ombligo hasta las rosas.

Por qué sí? Por qué no? Los días descubiertos
aportan roja arena sin cesar destrozada
a las hélices puras que inauguran el día,
y pasa un mes con corteza de tortuga,
pasa un estéril día,
pasa un buey, un difunto,
una mujer llamada Rosalía,
y no queda en la boca sino un sabor de pelo
y de dorada lengua que con sed se alimenta.
Nada sino esa pulpa de los seres,
nada sino esa copa de raíces.

Hatred is a hammer beating on your clothing,
on your feverish face,
and the heart's days fall in your ears
like shadowy owls of eliminated blood
and the necklaces which were made of tears drop by drop
encircle your throat, branding your voice like ice.

This so you cannot
ever, ever talk, so that no single swallow
can ever wing out of the nest of your tongue
and so that nettles destroy your throat
and a harsh ship's wind inhabits you.

Where do you strip?
In a railway carriage for a randy Peruvian?
or by a harvester, among clods, in the violent
light of the wheat?
Or are you going now with certain evil-eyed solicitors
generously naked, running along night's shores?

Look: you don't see the moon nor the jasmine,
nor the darkness misted over,
nor the train of silt, nor the cracked ivory:
but you see belts as thin as oxygen,
breasts patient with accumulated weight
and exactly as the sapphire of lunar avarice
you tremble from your lovely navel up to the roses.

Why? And why not? The naked days
bring this red sand ceaselessly decomposing
to the churning engines of the dawn
and a month goes by with the shell of a tortoise,
a barren day goes by,
an ox goes by, a funeral,
a woman whose name is Rosalia,
and nothing remains in the mouth save the taste of hair
and of golden tongue whose food is thirst.
Nothing if not this mush of beings,
nothing if not this grail of roots.

Yo persigo como en un túnel roto, en otro extremo
carne y besos que debo olvidar injustamente,
y en las aguas de espaldas, cuando ya los espejos
avivan el abismo, cuando la fatiga, los sórdidos relojes
golpean a la puerta de hoteles suburbanos, y cae
la flor de papel pintado, y el terciopelo cagado por las ratas y
    la cama
cien veces ocupada por miserables parejas, cuando
todo me dice que un día ha terminado, tú y yo
hemos estado juntos derribando cuerpos,
construyendo una casa que no dura ni muere,
tú y yo hemos corrido juntos un mismo río
con encadenadas bocas llenas de sal y sangre,
tú y yo hemos hecho temblar otra vez las luces verdes
y hemos solicitado de nuevo las grandes cenizas.

Recuerdo sólo un día
que tal vez nunca me fué destinado,
era un día incesante,
sin orígenes, Jueves.
Yo era un hombre trasportado al acaso
con una mujer hallada vagamente,
nos desnudamos
como para morir o nadar o envejecer
y nos metimos uno dentro del otro,
ella rodeándome como un agujero,
yo quebrantándola como quien
golpea una campana,
pues ella era el sonido que me hería
y la cúpula dura decidida a temblar.

Era una sorda ciencia con cabello y cavernas
y machacando puntas de médula y dulzura
he rodado a las grandes coronas genitales
entre piedras y asuntos sometidos.
Éste es un cuento de puertos adonde
llega uno, al azar, y sube a las colinas,
suceden tantas cosas.

I persist as if in a ruined tunnel, at another limit,
flesh and kisses I must unjustly forget,
and in the water-weak shoulders, when the mirrors harrow
the depths, when weariness and sordid clocks
beat on the doors of suburban hotels,
the painted flower falls, the rat-shit-covered velvet,
the bed pathetic couples have rocked a hundred times –
and everything tells me a day has died, you and I
have been together overthrowing our bodies,
building a house that neither stands nor dies,
you and I have ridden together a single river
with locked mouths full of blood and salt,
you and I have set the green lights trembling again
and we have invoked once more the immeasurable ashes.

I remember no more than a day
which, who knows, was never destined for me,
an interminable day
which had never begun. Thursday.
I was a man put there by chance
meeting a woman by some vague arrangement.
We undressed
as if to die, or swim, or to grow old
and we put ourselves one into another,
she circling me like a pit,
I banging at her like a man
who would strike a bell
since she was the sound that wounded me
and the hard dome set on its own vibration.

It was some deaf science of hair and caverns
when, pounding piths and sweetnesses,
I circled the great wreaths of her sex
between stones and tributes.
This is a story of ports
where one arrives by chance and climbs the hills
and so many things come to pass.

Enemiga, enemiga
es posible que el amor haya caído al polvo
y no haya sino carne y huesos velozmente adorados
mientras el fuego se consume
y los caballos vestidos de rojo galopan al infierno?

Yo quiero para mí la avena y el relámpago
a fondo de epidermis,
y el devorante pétalo desarrollado en furia,
y el corazón labial del cerezo de Junio,
y el reposo de lentas barrigas que arden sin dirección.
pero me falta un suelo de cal con lágrimas
y una ventana donde esperar espumas.

Así es la vida,
corre tú entre las hojas, un otoño
negro ha llegado,
corre vestida con una falda de hojas y un cinturón de metal
    amarillo,
mientras la neblina de la estación roe las piedras.
Corre con tus zapatos, con tus medias,
con el gris repartido, con el hueco del pie, y con esas manos
    que el tabaco salvaje adoraría,
golpea escaleras, derriba
el papel negro que protege las puertas,
y entra en medio del sol y la ira de un día de puñales
a echarte como paloma de luto y nieve sobre un cuerpo.

Es una sola hora larga como una vena,
y entre el ácido y la paciencia del tiempo arrugado
transcurrimos,
apartando las sílabas del miedo y la ternura,
interminablemente exterminados.

Enemy, my enemy,
has love fallen to dust
and will nothing do save flesh and bone furiously adored
while the fire devours itself
and the red-harnessed horses rush into hell?

I want for myself oats and lightnings
in the folds of my skin
and the consuming petal unfurled in its fury
and the labial heart of the cherry tree in June,
and the repose of slow bellies aimlessly burning:
but I lack a chalk soil with tears
and a window to lean at waiting for waves.

That's life.
Run among the leaves. An autumn
black as soot has come down,
run in your skirt of leaves, with a yellow metal belt
while the hill-station mist corrodes the stones.
Run in your shoes, in your stockings,
in your grey divisions, with the hollow of your foot, and
    those hands
the wild tobacco would bless,
batter at stairways, tear down
the black paper blinds on these doors,
and come into the belt of the sun and the anger of a day of
    daggers
to throw yourself like a dove of mourning and snow upon a
    body.

There is one hour alone, long as an artery,
and between the acid and the patience of crumpled time
we voyage through
parting the syllables of fear and tenderness
interminably done away with, done to death.

[N.T.]

135

Explico Algunas Cosas

Preguntaréis: Y dónde están las lilas?
Y la metafísica cubierta de amapolas?
Y la lluvia que a menudo golpeaba
sus palabras llenándolas
de agujeros y pájaros?

Os voy a contar todo lo que me pasa.

Yo vivía en un barrio
de Madrid, con campanas,
con relojes, con árboles.

Desde allí se veía
el rostro seco de Castilla
como un océano de cuero.
                              Mi casa era llamada
la casa de las flores, porque por todas partes
estallaban geranios: era
una bella casa
con perros y chiquillos.
                              Raúl, te acuerdas?
Te acuerdas, Rafael?
                              Federico, te acuerdas
debajo de la tierra,
te acuerdas de mi casa con balcones en donde
la luz de Junio ahogaba flores en tu boca?
                              Hermano, hermano!

Todo
eran grandes voces, sal de mercaderías,
aglomeraciones de pan palpitante,
mercados de mi barrio de Argüelles con su estatua

I'm Explaining a Few Things

You are going to ask: and where are the lilacs?
and the poppy-petalled metaphysics?
and the rain repeatedly spattering
its words and drilling them full
of apertures and birds?

I'll tell you all the news.

I lived in a suburb,
a suburb of Madrid, with bells,
and clocks, and trees.

From there you could look out
over Castille's dry face:
a leather ocean.
                    My house was called
the house of flowers, because in every cranny
geraniums burst: it was
a good-looking house
with its dogs and children.
                            Remember, Raúl?
Eh, Rafael?
            Federico, do you remember
from under the ground
where the light of June drowned flowers in your mouth?
                                    Brother, my brother!

Everything
loud with big voices, the salt of merchandises,
pile-ups of palpitating bread,
the stalls of my suburb of Argüelles with its statue

como un tintero pálido entre las merluzas:
el aceite llegaba a las cucharas,
un profundo latido
de pies y manos llenaba las calles,
metros, litros, esencia
aguda de la vida,
                          pescados hacinados,
contextura de techos con sol frío en el cual
la flecha se fatiga,
delirante marfil fino de las patatas,
tomates repetidos hasta el mar.

Y una mañana todo estaba ardiendo
Y una mañana las hogueras
salían de la tierra
devorando seres,
y desde entonces fuego,
pólvora desde entonces,
y desde entonces sangre.
Bandidos con aviones y con moros,
bandidos con sortijas y duquesas,
bandidos con frailes negros bendiciendo
venían por el cielo a matar niños,
y por las calles la sangre de los niños
corría simplemente, como sangre de niños.

Chacales que el chacal rechazaría,
piedras que el cardo seco mordería escupiendo,
víboras que las víboras odiaran!

Frente a vosotros he visto la sangre
de España levantarse
para ahogaros en una sola ola
de orgullo y de cuchillos!

Generales
traidores:
mirad mi casa muerta,
mirad España rota:

like a drained inkwell in a swirl of hake:
oil flowed into spoons,
a deep baying
of feet and hands swelled in the streets,
metres, litres, the sharp
measure of life,
                    stacked-up fish,
the texture of roofs with a cold sun in which
the weather vane falters,
the fine, frenzied ivory of potatoes,
wave on wave of tomatoes rolling down to the sea.

And one morning all that was burning,
one morning the bonfires
leapt out of the earth
devouring human beings —
and from then on fire,
gunpowder from then on,
and from then on blood.
Bandits with planes and Moors,
bandits with finger-rings and duchesses,
bandits with black friars spattering blessings
came through the sky to kill children
and the blood of children ran through the streets
without fuss, like children's blood.

Jackals that the jackals would despise,
stones that the dry thistle would bite on and spit out,
vipers that the vipers would abominate!

Face to face with you I have seen the blood
of Spain tower like a tide
to drown you in one wave
of pride and knives!

Treacherous
generals:
see my dead house,
look at broken Spain:

pero de cada casa muerta sale metal ardiendo
en vez de flores,
pero de cada hueco de España
sale España,
pero de cada niño muerto sale un fusil con ojos,
pero de cada crimen nacen balas
que os hallarán un día el sitio
del corazón.

Preguntaréis por qué su poesía
no nos habla del sueño, de las hojas,
de los grandes volcanes de su país natal?

Venid a ver la sangre por las calles.
venid a ver
la sangre por las calles,
venid a ver la sangre
por las calles!

from every house burning metal flows
instead of flowers,
from every socket of Spain
Spain emerges
and from every dead child a rifle with eyes,
and from every crime bullets are born
which will one day find
the bull's eye of your hearts.

And you will ask: why doesn't his poetry
speak of dreams and leaves
and the great volcanoes of his native land?

Come and see the blood in the streets.
Come and see
the blood in the streets.
Come and see the blood
in the streets!

[N.T.]

Cómo Era España

Era España tirante y seca, diurno
tambor de son opaco,
llanura y nido de águilas, silencio
de crotada intemperie.

Cómo, hasta el llanto, hasta el alma
amo tu duro suelo, tu pan pobre,
tu pueblo pobre, cómo hasta el hondo sitio
de mi ser, hay la flor perdida de tus aldeas
arrugadas, inmóviles de tiempo,
y tus campiñas minerales
extendidas en luna y en edad
y devoradas por un dios vacío.

Todas tus estructuras, tu animal
aislamiento junto a tu inteligencia
rodeada por las piedras abstractas del silencio,
tu áspero vino, tu suave
vino, tus violetas
y delicadas viñas.

Piedra solar, pura entre las regiones
del mundo, España recorrida
por sangres y metales, azul y victoriosa
proletaria de pétalos y balas, única
viva y soñolienta y sonora.
. . . .

The Way Spain Was

Taut and dry Spain was,
a day's drum of dull sound,
a plain, an eagle's eyrie, a silence
below the lashing weather.

How unto crying out, unto the very soul
I love your barren soil and your rough bread,
your stricken people!
How in the depths of me
grows the lost flower of your villages,
timeless, impossible to budge,
your tracts of minerals
bulging like oldsters under the moon,
devoured by an imbecile god.

All your extensions, your bestial solitude,
joined with your sovereign intelligence,
haunted by the abstracted stones of silence,
your harsh wine and your sweet wine,
your violent and delicate vineyards.

Stone of the sun, pure among territories,
Spain veined with bloods and metals, blue and victorious,
proletariat of petals and bullets,
alone alive, somnolent, resounding.
. . . .

[N.T.]

Batalla del Río Jarama

Entre la tierra y el platino ahogado
de olivares y muertos españoles,
Jarama, puñal puro, has resistido
    la ola de los crueles.

Allí desde Madrid llegaron hombres
de corazón dorado por la pólvora
como un pan de ceniza y resistencia,
    allí llegaron.

Jarama, estabas entre hierro y humo
como una rama de cristal caído,
como una larga línea de medallas
    para los victoriosos.

Ni socavones de substancia ardiendo,
ni coléricos vuelos explosivos,
ni artillerías de tiniebla turbia
    dominaron tus aguas.

Aguas tuyas bebieron los sedientos
de sangre, agua bebieron boca arriba:
agua española y tierra de olivares
    los llenaron de olvido.

Por un segundo de agua y tiempo el cauce
de la sangre de moros y traidores
palpitaba en tu luz como los peces
    de un manantial amargo.

Battle of the Jarama River

Between the earth and the smothered platinum
of olive groves and dead Spaniards,
Jarama, pure dagger, you have resisted
        the wave of the cruel.

There, from Madrid, came
men with hearts gilded by gunpowder
like bread made of ash and resistance,
        they came there.

Jarama, between iron and smoke
you were like a branch of fallen crystal,
like a broad line of medals
        for the victors.

Neither tunnels of burning substance,
nor angry explosive flights,
nor artillery of murky darkness
        mastered your waters.

Your waters were swallowed by those who thirsted
for blood, mouth upward they drank water:
Spanish water and the soil of olive groves
        filled them with oblivion.

For a second of water and time the current
compounded of blood of Moors and traitors
shimmered in your light like the fish
        of a bitter spring.

La áspera harina de tu pueblo estaba
toda erizada de metal y huesos,
formidable y trigal como la noble
    tierra que defendían.

Jarama, para hablar de tus regiones
de esplendor y dominio, no es mi boca
suficiente, y es pálida mi mano:
    allí quedan tus muertos.

Allí quedan tu cielo doloroso,
tu paz de piedra, tu estelar corriente,
y los eternos ojos de tu pueblo
    vigilan tus orillas.

The coarse-milled flour of your people
bristled everywhere with metal and bones,
formidable, like a field of wheat, like the noble earth
    they defended.

Jarama, to find words for your regions
of splendour and mastery, my mouth
is not equal to it, and my hand is pale:
    there your dead remained.

And there also your sorrowful sky remained,
and your stony peace, your starry current,
and the undying eyes of your people
    watch over your banks.

                        [W.S.M.]

From
Canto General
(1950)

Amor América (1400)

Antes de la peluca y la casaca
fueron los ríos, ríos arteriales:
fueron las cordilleras, en cuya onda raída
el cóndor o la nieve parecían inmóviles:
fué la humedad y la espesura, el trueno
sin nombre todavía, las pampas planetarias.

El hombre tierra fué, vasija, párpado
del barro trémulo, forma de la arcilla,
fué cántaro caribe, piedra chibcha,
copa imperial o sílice araucana.
Tierno y sangriento fué, pero en la empuñadura
de su arma de cristal humedecida,
las iniciales de la tierra estaban
escritas.
          Nadie pudo
recordarlas después: el viento
las olvidó, el idioma del agua
fué enterrado, las claves se perdieron
o se inundaron de silencio o sangre.

No se perdió la vida, hermanos pastorales.
Pero como una rosa salvaje
cayó una gota roja en la espesura,
y se apagó una lámpara de tierra.
Yo estoy aquí para contar la historia.
Desde la paz del búfalo
hasta las azotadas arenas
de la tierra final, en las espumas
acumuladas de la luz antártica,
y por las madrigueras despeñadas
de la sombría paz venezolana,

Love, America (1400)

Before wig and frockcoat
were the rivers, the arterial rivers,
the cordilleras, on whose scraped escarpments
the condor or the snow seemed immobile,
humidity and density, the thunderclap
not-yet-named, the planetary pampas.

Man was earth, a vessel, the eyelid
of the quivering clay, a shape of potter's earth,
Carib spout, Chibcha stone,
Imperial cup or Araucanian silica:
he was gentle and bloody, but on the hilt
of his wetted glass weapon
the earth's initials were
written.
          No one
could later recall them: the wind
forgot, the water's idiom
was buried, the code was lost
or inundated by silence or blood.

Life was not lost, pastoral brothers.
But like a wild rose
a red drop fell in the density
and an earthen lamp was extinguished.
I am here to tell the story.
From buffalo peace
to flailed sands
of final earth, in the piled-up
froth of an antarctic light,
and in the burrows down over the cliffs
in the sombre peace of Venezuela,

te busqué, padre mío,
joven guerrero de tiniebla y cobre,
o tú, planta nupcial, cabellera indomable,
madre caimán, metálica paloma.

Yo, incásico del légamo,
toqué la piedra y dije:
Quién
me espera? Y apreté la mano
sobre un puñado de cristal vacío.
Pero anduve entre flores zapotecas
y dulce era la luz como un venado,
y era la sombre como un párpado verde.

Tierra mía sin nombre, sin América,
estambre equinoccial, lanza de púrpura,
tu aroma me trepó por las raíces
hasta la copa que bebía, hasta la más delgada
palabra aún no nacida de mi boca.

I sought you, my father,
young warrior of copper and darkness,
or you, nuptial plant, indomitable head of hair,
mother alligator, metallic dove.

An Inca out of the slime, I
touched the stone and said:
Who
is waiting there? And closed my hand
around a fistful of empty glass.
And I walked among Zapotec flowers
and the light was tender as a deer
and the shade was like a green eyelid.

My land without name, without America,
equinoctial stamen, lance-like purple,
your aroma rose through my roots
into the cup I drained, into the most tenuous
word not yet born in my mouth.

[A.K.]

Algunas Bestias

Era el crepúsculo de la iguana.

Desde la arcoirisada crestería
su lengua como un dardo
se hundía en la verdura,
el hormiguero monacal pisaba
con melodioso pie la selva,
el guanaco fino como el oxígeno
en las anchas alturas pardas
iba calzando botas de oro,
mientras la llama abría cándidos
ojos en la delicadeza
del mundo lleno de rocío.
Los monos trenzaban un hilo
interminablemente erótico
en las riberas de la aurora,
derribando muros de polen
y espantando el vuelo violeta
de las mariposas de Muzo.
Era la noche de los caimanes,
la noche pura y pululante
de hocicos saliendo del légamo,
y de las ciénagas soñolientas
un ruido opaco de armaduras
volvía al origen terrestre.

El jaguar tocaba las hojas
con su ausencia fosforescente,
el puma corre en el ramaje
como el fuego devorador
mientras arden en él los ojos
alcohólicos de la selva.

Some Beasts

It was early twilight of the iguana.

From his rainbow-crested ridging
his tongue sank like a dart
into the mulch,
the monastic ant-heap was melodiously
teeming in the undergrowth,
the guanaco, rarefied as oxygen
up among the cloud-plains,
wore gold-flecked boots,
while the llama opened candid
wide eyes in the delicacy
of a world filled with dew.
The monkeys wove a thread
interminably erotic
along the banks of dawn,
demolishing walls of pollen
and flushing the violet flight
of the butterflies from Buga.
It was night of the alligators,
pure and pullulating night
of snouts above the ooze
and from over the sleep-drenched bogs
a dull sound of armour
fell back upon the original earth.

The jaguar touches the leaves
with his phosphorescent absence,
the puma runs on the foliage
like all-consuming flame
and in him burn
the alcoholic eyes of the jungle.

Los tejones rascan los pies
del río, husmean el nido
cuya delicia palpitante
atacarán con dientes rojos.

Y en el fondo del agua magna,
como el círculo de la tierra,
está la gigante anaconda
cubierta de barros rituales,
devoradora y religiosa.

The badgers scratch the river's
feet, scenting out the nest
whose throbbing delight
they'll assail red-toothed.

And in the deeps of great water
the giant anaconda lies
like the circle of the earth,
covered in ritual mud,
devouring and religious.

[A.K.]

Los Ríos Acuden

Amada de los ríos, combatida
por agua azul y gotas transparentes,
como un árbol de venas es tu espectro
de diosa oscura que muerde manzanas:
al despertar desnuda entonces,
eras tatuada por los ríos,
y en la altura mojada tu cabeza
llenaba el mundo con nuevos rocíos.
Te trepidaba el agua en la cintura.
Eras de manantiales construída
y te brillaban lagos en la frente. ·
De tu espesura madre recogías
el agua como lágrimas vitales,
y arrastrabas los cauces a la arena
a través de la noche planetaria,
cruzando ásperas piedras dilatadas,
rompiendo en el camino
toda la sal de la geología,
cortando bosques de compactos muros,
apartando los músculos del cuarzo.

ORINOCO

Orinoco, déjame en tus márgenes
de aquella hora sin hora:
déjame como entonces ir desnudo,
entrar en tus tinieblas bautismales.
Orinoco de agua escarlata,
déjame hundir las manos que regresan
a tu maternidad, a tu transcurso,
río de razas, patria de raíces,
tu ancho rumor, tu lámina salvaje
viene de donde vengo, de las pobres

Entrance of the Rivers

Beloved of the rivers, beset
by azure water and transparent drops,
like a tree of veins your spectre
of dark goddess biting apples:
and then awaking naked
to be tattooed by the rivers,
and in the wet heights your head
filled the world with new dew.
Water rose to your waist.
You are made of wellsprings
and lakes shone on your forehead.
From your source of density you drew
water like vital tears
and hauled the river-beds to the sand
across the planetary night,
crossing rough, dilated stone,
breaking down on the way
all the salt of geology,
cutting through forests of compact walls,
dislodging the muscles of quartz.

ORINOCO

Orinoco, let me stay on the banks
of your hour without hour:
leave me to go naked as then,
to go into your baptismal darkness.
Orinoco of the scarlet water,
let me sink my hands returning
to your maternity, to your coursing,
river of races, bedrock of roots
your ample murmur, your savage sheen
comes from where I come, from the spare

y altivas soledades, de un secreto
como una sangre, de una silenciosa
madre de arcilla.

AMAZONAS Amazonas,
capital de las sílabas del agua,
padre patriarca, eres
la eternidad secreta
de las fecundaciones,
te caen ríos como aves, te cubren
los pistilos color de incendio,
los grandes troncos muertos te pueblan de
    perfume,
la luna no te puede vigilar ni medirte.
Eres cargado con esperma verde
como un árbol nupcial, eres plateado
por la primavera salvaje,
eres enrojecido de maderas,
azul entre la luna de las piedras,
vestido de vapor ferruginoso,
lento como un camino de planeta.

TEQUENDAMA Tequendama, recuerdas
tu solitario paso en las alturas
sin testimonio, hilo
de soledades, voluntad delgada,
línea celeste, flecha de platino,
recuerdas paso y paso
abriendo muros de oro
hasta caer del cielo en el teatro
aterrador de la piedra vacía?

BÍO BÍO Pero háblame, Bío Bío,
son tus palabras en mi boca
las que resbalan, tú me diste
el lenguaje, el canto nocturno
mezclado con lluvia y follaje.
Tú, sin que nadie mirara a un niño,
me contaste el amanecer

exultant heights, from out of a secret
like a blood-stock, from out of a silent
mother-source of clay.

Amazon,
capital of water's syllables,
father patriarch, you are
the secret eternity
of fertilizations,
rivers fall on you like birds, you are covered
with pistils the colour of conflagration,
the great dead trunks populate you with
    perfume,
the moon cannot watch over nor measure you.
Charged with green sperm
like a nuptial tree, you are silver-plated
by the wild springtime,
turned red by timber,
blue in between the moon of the stones,
dressed in rust-coloured vapour,
sluggish as the highroad of a planet.

Tequendama, do you recall
your solitary passage through the heights
without witness, thread
of solitude, slender will,
celestial line, platinum arrow,
do you recall, step in step,
opening up walls of gold
until you fell from heaven into the fearful
theatre of empty stone?

Now talk to me, Bío Bío,
your words in my mouth
are the ones that slide, you gave
me the language, the night-time song
mingled with rain and foliage.
You – and no one looked to a child –
sang to me the dawn

161

de la tierra, la poderosa
paz de tu reino, el hacha enterrada
con un ramo de flechas muertas,
lo que las hojas del canelo
en mil años te relataron,
y luego te vi entregarte al mar
dividido en bocas y senos,
ancho y florido, murmurando
una historia color de sangre.

of the earth, the powerful
peace of your kingdom, the hatchet buried
with a spray of dead arrows,
what the leaves of the cinnamon tree
related through a thousand years.
And later I saw you give yourself to the sea
divided into mouths and breasts,
wide and florid, murmuring
a story the colour of blood.

[A.K.]

Alturas de Macchu Picchu

IV

La poderosa muerte me invitó muchas veces:
era como la sal invisible en las olas,
y lo que su invisible sabor diseminaba
era como mitades de hundimientos y altura
o vastas construcciones de viento y ventisquero.

Yo al férreo filo vine, a la angostura
del aire, a la mortaja de agricultura y piedra,
al estelar vacío de los pasos finales
y a la vertiginosa carretera espiral:
pero, ancho mar, oh muerte!, de ola en ola no vienes,
sino como un galope de claridad nocturna
o como los totales números de la noche.

Nunca llegaste a hurgar en el bolsillo, no era
posible tu visita sin vestimenta roja:
sin auroral alfombra de cercado silencio:
sin altos o enterrados patrimonios de lágrimas.

No pude amar en cada ser un árbol
con su pequeño otoño a cuestas (la muerte de mil hojas),
todas las falsas muertes y las resurrecciones
sin tierra, sin abismo:
quise nadar en las más anchas vidas,
en las más sueltas desembocaduras,
y cuando poco a poco el hombre fué negándome
y fué cerrando paso y puerta para que no tocaran
mis manos manantiales su inexistencia herida,
entonces fuí por calle y calle y río y rio,
y ciudad y ciudad y cama y cama,
y atravesó el desierto mi máscara salobre,
y en las últimas casas humilladas, sin lámpara, sin fuego,
sin pan, sin piedra, sin silencio, solo,
rodé muriendo de mi propia muerte.

The Heights of Macchu Picchu

IV

Irresistible death invited me many times:
it was like salt occulted in the waves
and what its invisible fragrance suggested
was fragments of wrecks and heights
or vast structures of wind and snowdrift.

I had come to the cut of the blade, the narrowest
channel in air, the shroud of field and stone,
the interstellar void of ultimate steps
and the awesome spiral way:
though not through wave on wave do you attain us, vast sea
    of death,
but rather like a gallop of twilight,
the comprehensive mathematics of the dark.

You never came to scrabble in our pockets,
you could not pay a visit without a scarlet mantle,
an early carpet hush enclosed in silence,
a heritage of tears, enshrined or buried here.

I could not love within each man a tree
with its remaindered autumns on its back (leaves falling in
    their thousands),
all these false deaths and all these resurrections,
sans earth, sans depths:
I wished to swim in the most ample lives,
the widest estuaries,
and when, little by little, man came denying me
closing his paths and doors so that I could not touch
his wounded inexistence with my divining fingers,
I came by other ways, through streets, river by river,
city by city, one bed after another,
forcing my brackish semblance through a wilderness
till in the last of hovels, lacking all light and fire,
bread, stone and silence, I paced at last alone,
dying of my own death.

VI

Entonces en la escala de la tierra he subido
entre la atroz maraña de las selvas perdidas
hasta ti, Macchu Picchu.

Alta ciudad de piedras escalares,
por fin morada del que lo terrestre
No escondió en las dormidas vestiduras.
En ti, como dos líneas paralelas,
la cuna del relámpago y del hombre
se mecían en un viento de espinas.

Madre de piedra, espuma de los cóndores.

Alto arrecife de la aurora humana.

Pala perdida en la primera arena.

Esta fué la morada, éste es el sitio:
aquí los anchos granos del maíz ascendieron
y bajaron de nuevo como granizo rojo.

Aquí la hebra dorada salió de la vicuña
a vestir los amores, los túmulos, las madres,
el rey, las oraciones, los guerreros.

Aquí los pies del hombre descansaron de noche
junto a los pies del águila, en las altas guaridas
carniceras, y en la aurora
pisaron con los pies del trueno la niebla enrarecida,
y tocaron las tierras y las piedras
hasta reconocerlas en la noche o la muerte.

Miro las vestiduras y las manos,
el vestigio del agua en la oquedad sonora,
la pared suavizada por el tacto de un rostro
que miró con mis ojos las lámparas terrestres,
que aceitó con mis manos las desaparecidas

VI

Then up the ladder of the earth I climbed
through the barbed jungle's thickets
until I reached you, Macchu Picchu.

Tall city of stepped stone,
home at long last of whatever earth
had never hidden in her sleeping clothes.
In you two lineages that had run parallel
met where the cradle both of man and light
rocked in a wind of thorns.

Mother of stone and sperm of condors.

High reef of the human dawn.

Spade buried in primordial sand.

This was the habitation, this is the site:
here the fat grains of maize grew high
to fall again like red hail.

The fleece of the vicuña was carded here
to clothe men's loves in gold, their tombs and mothers,
the king, the prayers, the warriors.

Up here men's feet found rest at night
near eagles' talons in the high
meat-stuffed eyries. And in the dawn
with thunder steps they trod the thinning mists,
touching the earth and stones that they might recognize
that touch come night, come death.

I gaze at clothes and hands,
traces of water in the booming cistern,
a wall burnished by the touch of a face
that witnessed with my eyes the earth's carpet of tapers,
oiled with my hands the vanished wood:

maderas: porque todo, ropaje, piel, vasijas,
palabras, vino, panes,
se fué, cayó a la tierra.

Y el aire entró con dedos
de azahar sobre todos los dormidos:
mil años de aire, meses, semanas de aire,
de viento azul, de cordillera férrea,
que fueron como suaves huracanes de pasos
lustrando el solitario recinto de la piedra.
la más alta vasija que contuvo el silencio:
una vida de piedra después de tantas vidas

for everything, apparel, skin, pots, words,
wine, loaves, has disappeared,
fallen to earth.

And the air came in with lemon blossom fingers
to touch those sleeping faces:
a thousand years of air, months, weeks of air,
blue wind and iron cordilleras —
these came with gentle footstep hurricanes
cleansing the lonely precinct of the stone.
the tallest crucible that ever held our silence,
a life of stone after so many lives.

VIII

Sube conmigo, amor americano.

Besa conmigo las piedras secretas.
La plata torrencial del Urubamba
hace volar el polen a su copa amarilla.
Vuela el vacío de la enredadera,
la planta pétrea, la guirnalda dura
sobre el silencio del cajón serrano.
Ven, minúscula vida, entre las alas
de la tierra, mientras – cristal y frío, aire golpeado –
apartando esmeraldas combatidas,
oh, agua salvaje, bajas de la nieve.

Amor, amor, hasta la noche abrupta,
desde el sonoro pedernal andino,
hacia la aurora de rodillas rojas,
contempla el hijo ciego de la nieve.

Oh, Wilkamayu de sonoros hilos,
cuando rompes tus truenos lineales
en blanca espuma, como herida nieve,
cuando tu vendaval acantilado
canta y castiga despertando al cielo,
qué idioma traes a la oreja apenas
desarraigada de tu espuma andina?

Quién apresó el relámpago del frío
y lo dejó en la altura encadenado,
repartido en sus lágrimas glaciales,
sacudido en sus rápidas espadas,
golpeando sus estambres aguerridos,
conducido en su cama de guerrero,
sobresaltado en su final de roca?

Qué dicen tus destellos acosados?
Tu secreto relámpago rebelde
antes viajó poblado de palabras?

VIII

Come up with me, American love.

Kiss these secret stones with me.
The torrential silver of the Urubamba
makes the pollen fly to its golden cup.
The hollow of the bindweed's maze,
the petrified plant, the inflexible garland,
soar above the silence of these mountain coffers.
Come, diminutive life, between the wings
of the earth, while you, cold, crystal in the hammered air,
thrusting embattled emeralds apart,
oh savage waters, fall from the hems of snow.

Love, love, until the night collapses
from the singing Andes flint
down to the dawn's red knees,
come out and contemplate the snow's blind son.

Oh Wilkamayu of the sounding looms,
when you rend your skeins of thunder
in white foam clouds of wounded snow,
when your south wind falls like an avalanche
roaring and belting to arouse the sky,
what language do you wake in an ear
freed but a moment from your Andean spume?

Who caught the lightning of the cold,
abandoned it, chained to the heights,
dealt out among its frozen tears,
brandished upon its nimble swords –
its seasoned stamens pummelled hard –
led to a warrior's bed,
hounded to his rocky conclusion?

What do your harried scintillations whisper?
Did your sly, rebellious flash
go travelling once, populous with words?

Quién va rompiendo sílabas heladas,
idiomas negros, estandartes de oro,
bocas profundas, gritos sometidos,
en tus delgadas aguas arteriales?

Quién va cortando párpados florales
que vienen a mirar desde la tierra?
Quién precipita los racimos muertos
que bajan en tus manos de cascada
a desgranar su noche desgranada
en el carbón de la geología?

Quién despeña la rama de los vínculos?
Quién otra vez sepulta los adioses?

Amor, amor, no toques la frontera,
ni adores la cabeza sumergida:
deja que el tiempo cumpla su estatura
en su salón de manantiales rotos,
y, entre el agua veloz y las murallas,
recoge el aire del desfiladero,
las paralelas láminas del viento,
el canal ciego de las cordilleras,
el áspero saludo del rocío,
y sube, flor a flor, por la espesura,
pisando la serpiente despeñada.
En la escarpada zona, piedra y bosque,
polvo de estrellas verdes, selva clara,
Mantur estalla como un lago vivo
o como un nuevo piso del silencio.

Ven a mi propio ser, al alba mía,
hasta las soledades coronadas.

El reino muerto vive todavía.

Y en el Reloj la sombra sanguinaria
del cóndor cruza como una nave negra.

Who wanders grinding frozen syllables,
black languages, gold-threaded banners,
fathomless mouths and trampled cries
in your tenuous arterial waters?

Who goes dead-heading blossom eyelids
come to observe us from the far earth?
Who scatters dead seed clusters
dropping from your cascading hands
to bed their own disintegration here
in coal's geology?

Who has flung down the branches of these chains
and buried once again our leave-takings?

Love, love, do not come near the border,
avoid adoring this sunken head:
let time exhaust all measure
in its abode of broken overtures –
here, between cliffs and rushing waters,
take to yourself the air among these passes,
the laminated image of the wind,
the blind canal threading high cordilleras,
dew with its bitter greetings,
and climb, flower by flower, through the thicknesses
trampling the coiling lucifer.
In this steep zone of flint and forest,
green stardust, jungle-clarified,
Mantur, the valley, cracks like a living lake
or a new level of silence.

Come to my very being, to my own dawn,
into crowned solitudes.

The fallen kingdom survives us all this while.

And on this dial the condor's shadow
cruises as ravenous as would a pirate ship.

X

Piedra en la piedra, el hombre, dónde estuvo?
Aire en el aire, el hombre, dónde estuvo?
Tiempo en el tiempo, el hombre, dónde estuvo?
Fuiste también el pedacito roto
de hombre inconcluso, de águila vacía
que por las calles de hoy, que por las huellas,
que por las hojas del otoño muerto
va machacando el alma hasta la tumba?
La pobre mano, el pie, la pobre vida . . .
Los días de la luz deshilachada
en ti, como la lluvia
sobre las banderillas de la fiesta,
dieron pétalo a pétalo de su alimento oscuro
en la boca vacía?

           Hambre, coral del hombre,
hambre, planta secreta, raíz de los leñadores,
hambre, subió tu raya de arrecife
hasta estas altas torres desprendidas?

Yo te interrogo, sal de los caminos,
muéstrame la cuchara, déjame, arquitectura,
roer con un palito los estambres de piedra,
subir todos los escalones del aire hasta el vacío,
rascar la entraña hasta tocar el hombre.
Macchu Picchu, pusiste
piedras en la piedra, y en la base, harapo?
Carbón sobre carbón, y en el fondo la lágrima?
Fuego en el oro, y en él, temblando el rojo
goterón de la sangre?

Devuélveme el esclavo que enterraste!
Sacude de las tierras el pan duro
del miserable, muéstrame los vestidos
del siervo y su ventana.
Dime cómo durmió cuando vivía.
Dime si fué su sueño
ronco, entreabierto, como un hoyo negro

X

Stone within stone, and man, where was he?
Air within air, and man, where was he?
Time within time, and man, where was he?
Were you also the shattered fragment
of indecision, of hollow eagle
which, through the streets of today, in the old tracks,
through the leaves of accumulated autumns,
goes pounding at the soul into the tomb?
Poor hand, poor foot, and poor, dear life . . .
The days of unravelled light
in you, familiar rain
falling on feast-day banderillas,
did they grant, petal by petal, their dark nourishment
to such an empty mouth?
                              Famine, coral of mankind,
hunger, secret plant, root of the woodcutters,
famine, did your jagged reef dart up
to those high, side-slipping towers?

I question you, salt of the highways,
show me the trowel; allow me, architecture,
to fret stone stamens with a little stick,
climb all the steps of air into the emptiness,
scrape the intestine until I touch mankind.
Macchu Picchu, did you lift
stone above stone on a groundwork of rags?
Coal upon coal and, at the bottom, tears?
Fire-crested gold, and in that gold, the bloat
dispenser of this blood?

Let me have back the slave you buried here!
Wrench from these lands the stale bread
of the poor, prove me the tatters,
on the serf, point out his window.
Tell me how he slept when alive,
whether he snored,
his mouth agape like a dark scar

hecho por la fatiga sobre el muro.
El muro, el muro! Si sobre su sueño
gravitó cada piso de piedra, y si cayó bajo ella
como bajo una luna, con el sueño!

Antigua América, novia sumergida,
también tus dedos,
al salir de la selva hacia el alto vacío de los dioses,
bajo los estandartes nupciales de la luz y el decoro,
mezclándose al trueno de los tambores y de las lanzas,
también, también tus dedos,
los que la rosa abstracta y la línea del frío, los
que el pecho sangriento del nuevo cereal trasladaron
hasta la tela de materia radiante, hasta las duras cavidades,
también, también, América enterrada, guardaste en lo más bajo,
en el amargo intestino, come un águila, el hambre?

worn by fatigue into the wall.
That wall, that wall! If each stone floor
weighed down his sleep, and if he fell
beneath them, as if beneath a moon, with all that sleep!

Ancient America, bride in her veil of sea,
your fingers also,
from the jungle's edges to the rare height of gods,
under the nuptial banners of light and reverence,
blending with thunder from the drums and lances,
your fingers, your fingers also —
that bore the rose in mind and hairline of the cold,
the blood-drenched breast of the new crops translated
into the radiant weave of matter and adamantine hollows —
with them, with them, buried America, were you in that great
    depth,
the bilious gut, hoarding the eagle hunger?

XI

A través del confuso esplendor,
a través de la noche de piedra, déjame hundir la mano
y deja que en mí palpite, como un ave mil años prisionera,
el viejo corazón del olvidado!
Déjame olvidar hoy esta dicha, que es más ancha que el mar,
porque el hombre es más ancho que el mar y que sus islas,
y hay que caer en él como en un pozo para salir del fondo
con un ramo de agua secreta y de verdades sumergidas.
Déjame olvidar, ancha piedra, la proporción poderosa,
la trascendente medida, las piedras del panal,
y de la escuadra déjame hoy resbalar
la mano sobre la hipotenusa de áspera sangre y cilicio.

Cuando, como una herradura de élitros rojos, el cóndor
    furibundo
me golpea las sienes en el orden del vuelo
y el huracán de plumas carniceras barre el polvo sombrío
de las escalinatas diagonales, no veo a la bestia veloz,
no veo el ciego ciclo de sus garras,
veo el antiguo ser, servidor, el dormido
en los campos, veo un cuerpo, mil cuerpos, un hombre, mil
    mujeres,
bajo la racha negra, negros de lluvia y noche,
con la piedra pesada de la estatua:
Juan Cortapiedras, hijo de Wiracocha,
Juan Comefrío, hijo de estrella verde,
Juan Piesdescalzos, nieto de la turquesa,
sube a nacer conmigo, hermano.

XI

Through a confusion of splendour,
through a night made stone let me plunge my hand
and move to beat in me a bird held for a thousand years,
the old and unremembered human heart!
Today let me forget this happiness, wider than all the sea,
because man is wider than all the sea and her necklace of
    islands
and we must fall into him as down a well to clamber back with
branches of secret water, recondite truths.
Allow me to forget, circumference of stone, the powerful
    proportions,
the transcendental span, the honeycomb's foundations,
and from the set-square allow my hand to slide
down a hypotenuse of hairshirt and salt blood.

When, like a horseshoe of rusting wing-cases, the furious
    condor
batters my temples in the order of flight
and his tornado of carnivorous feathers sweeps the dark dust
down slanting stairways, I do not see the rush of the bird,
nor the blind sickle of his talons —
I see the ancient being, the slave, the sleeping one,
blanket his fields — a body, a thousand bodies, a man, a
    thousand women swept by the sable whirlwind, charred
    with rain and night,
stoned with a leaden weight of statuary:
Juan Splitstones, son of Wiracocha,
Juan Coldbelly, heir of the green star,
Juan Barefoot, grandson to the turquoise,
rising to birth with me, as my own brother.

                                                        [N.T.]

179

Vienen Por las Islas (1493)

Los carniceros desolaron las islas.
Guanahaní fué la primera
en esta historia de martirios.
Los hijos de la arcilla vieren rota
su sonrisa, golpeada
su frágil estatura de venados,
y aún en la muerte no entendían.
Fueron amarrados y heridos,
fueron quemados y abrasados,
fueron mordidos y enterrados.
Y cuando el tiempo dío su vuelta de vals
bailando en las palmeras,
el salón verde estaba vacío.

  Sólo quedaban huesos
  rígidamente colocados
  en forma de cruz, para mayor
  gloria de Dios y de los hombres.

  De las gredas mayorales
  y el ramaje de Sotavento
  hasta las agrupadas coralinas
  fué cortando el cuchillo de Narváez.
  Aquí la cruz, aquí el rosario,
  aquí la Virgen del Garrote.
  La alhaja de Colón, Cuba fosfórica,
  recibió el estandarte y las rodillas
  en su arena mojada.

They Come For the Islands (1493)

The butchers laid waste the islands.
Guanahaní was the first
in that history of torments.
The children of clay saw their
smiles smashed, battered
their stance slight as deers',
all the way to death they did not understand.
They were trussed up and tortured,
they were lit and burned,
they were gnawed and buried.
And when time danced around again
waltzing among the palms
the green hall was empty.

    Nothing was left but bones
    rigidly fastened
    in the form of a cross, to the greater
    glory of God and of men.

    From the chief clay-pits
    and green boughs of Sotavento
    to the coral cays
    the knife of Narváez went carving.
    Here the cross, here the rosary,
    here the Virgin of the Stake.
    Glowing Cuba, Columbus's jewel,
    received the standard and the knees
    in its wet sand.

                     [W.S.M.]

Duerme un Soldado

Extraviado en los límites espesos
llegó el soldado. Era total fatiga
y cayó entre las lianas y las hojas,
al pie del Gran Dios emplumado:
éste
estaba solo con su mundo apenas
surgido de la selva.
                        Miró al soldado
extraño nacido del océano.
Miró sus ojos, su barba sangrienta,
su espada, el brillo negro
de la armadura, el cansancio caído
como la bruma sobre esa cabeza
de niño carnicero.

Cuántas zonas
de oscuridad para que el Dios de Pluma
naciera y enroscara su volumen
sobre los bosques, en la piedra rosada,
cuánto desorden de aguas locas
y de noche salvaje, el desbordado
cauce de la luz sin nacer, el fermento rabioso
de las vidas, la destrucción, la harina
de la fertilidad y luego el orden,
el orden de la planta y de la secta,
la elevación de las rocas cortadas,
el humo de las lámparas rituales,
la firmeza del suelo para el hombre,
el establecimiento de las tribus,
el tribunal de los dioses terrestres.

A Soldier Sleeps

Lost in the dense border-country
the soldier arrived. In his absolute fatigue
he fell between the lianas and the leaves
at the foot of the Great Plumed God:
He
was alone in his world scarce
emerged from the jungle:
                       He looked at the soldier,
a stranger born out of the sea.
He looked in his eyes, at his blood-soaked beard,
his sword, the black lustre
of his armour, the weariness fallen
like fog over that head
of a sanguinary child.

So many zones
of obscurity that the Plumed God
might be born and coil his bulk
over the forests, on the roseate stone,
so much anarchy of crazy waters
and savage nights, the overflowing
river-bed of unborn light, raging ferment
of lives, destruction, the flour
of fertility and then, order,
the order of the plant and the sect,
the elevation of the cut rocks,
smoke of the ritual lamps,
the solidity of the ground for men,
the establishment of the tribes,
the tribunal of the terrestrial gods.

Palpitó cada escama de la piedra,
sintió el pavor caído
como una invasión de insectos,
recogió todo su poderío,
hizo llegar la lluvia a las raíces,
habló con las corrientes de la tierra,
oscuro en su vestido
de piedra cósmica inmovilizada,
y no pudo mover garras ni dientes,
ni ríos, ni temblores,
ni meteoros que silbaran
en la bóveda del reinado,

y quedó allí, piedra inmóvil, silencio,

mientras Beltrán de Córdoba dormía.

He palpated each flake of the stone,
felt fear fallen
like flocking insects,
summoned all his force,
made rain reach the roots,
talked to the currents of the earth,
dark in his dress
of cosmic immobilized stone,
and could not move his talons or teeth,
nor rivers, nor earthquakes,
nor meteors to whistle
in the vault of the kingdom,

and remained there, immobile stone, silence,

while Beltrán de Córdoba slept.

[A.K.]

Descubridores de Chile

Del Norte trajo Almagro su arrugada centella.
Y sobre el territorio, entre explosión y ocaso,
se inclinó día y noche como sobre una carta.
Sombra de espinas, sombra de cardo y cera,
el español reunido con su seca figura,
mirando las sombrías estrategias del suelo.
Noche, nieve y arena hacen la forma
de mi delgada patria,
todo el silencio está en su larga línea,
toda la espuma sale de su barba marina,
todo el carbón la llena de misteriosos besos.
Como una brasa el oro arde en sus dedos
y la plata ilumina como una luna verde
su endurecida forma de tétrico planeta.
El español sentado junto a la rosa un día,
junto al aceite, junto al vino, junto al antiguo cielo
no imaginó este punto de colérica piedra
nacer bajo el estiércol del águila marina.

Discoverers of Chile

From the north Almagro brought his crinkled spark.
And over the territory, between explosion and sunset,
he bent, day and night, as over a chart.
Shadow of thorns, shadow of thistle and wax,
the Spaniard meeting with his dry figure,
watching the sombre strategies of the terrain.
Night, snow, and sand make up the form
of my thin country,
all silence lies in its long line,
all foam flows from its marine beard,
all coal covers it with mysterious kisses.
Gold burns in its fingers like an ember
and silver illuminates like a green moon
its thickened shadow of a sullen planet.
The Spaniard seated by the rose one day,
by the olive oil, by the wine, by the antique sky,
did not imagine this point of choleric stone
being born from under the dung of the sea eagle.

[A.K.]

El Corazón Magallánico (1519)

De dónde soy, me pregunto a veces, de dónde
    diablos
vengo, qué día es hoy, qué pasa,
ronco, en medio del sueño, del árbol, de la
    noche,
y una ola se levanta como un párpado, un día
nace de ella, un relámpago con hocico de tigre.

DESPIERTO
DE PRONTO EN
LA NOCHE
PENSANDO EN EL
EXTREMO SUR

Viene el día y me dice: 'Oyes
el agua lenta, el agua,
el agua,
sobre la Patagonia?'
Y yo contesto: 'Sí, señor, escucho'.
Viene el día y me dice: 'Una oveja salvaje
lejos, en la región, lame el color helado
de una piedra. No escuchas el balido, no
    reconoces
el vendaval azul en cuyas manos
la luna es una copa, no ves la tropa, el dedo
rencoroso del viento
tocar la ola y la vida con su anillo vacío?'

RECUERDO
LA SOLEDAD
DEL ESTRECHO

La larga noche, el pino, vienen adonde voy.
Y se trastorna el ácido sordo, la fatiga,
la tapa del tonel, cuanto tengo en la vida.
Una gota de nieve llora y llora en mi puerta
mostrando su vestido claro y desvencijado

The Magellan Heart (1519)

Where am I from, where in the devil do I
    come from,
I sometimes ask myself, what day is it today,
    what's going on,
I snore, in the middle of a dream, a tree, a
    night,
and a wave is raised like an eyelid, a day
is born from the wave, a lightning-bolt with a
    tiger's snout.

*I SUDDENLY
AWAKE IN THE
NIGHT THINKING
OF THE FAR
SOUTH*

The day comes and says: 'Do you hear
the slow water, the water,
the water
over Patagonia?'
And I answer: 'Yes, sir, I'm listening.'
The day comes and says: 'A wild sheep
far away, in this region, licks the frozen colour
of a stone. Aren't you listening to the bleating,
    don't you recognize
the blue squall in whose hands
the moon is a goblet, don't you see the drove,
    the rancorous
finger of the wind
touching wave and life with its empty ring?'

*I RECALL
THE SOLITUDE
OF THE STRAIT*

The long night, the pine, come where I go.
And the stifled acid is overturned, and fatigue,
the barrel-top, whatever I have in life.
A snowdrop weeps and weeps at my door
exhibiting the sheer loose-limbed dress

de pequeño cometa que me busca y solloza.
Nadie mira la ráfaga, la extensión, el aullido
del aire en las praderas.
Me acerco y digo: vamos. Toco el Sur,
  desemboco
en la arena, veo la planta seca y negra, todo
  raíz y roca,
las islas arañadas por el agua y el cielo,
el Río del Hambre, el Corazón de Ceniza,
el Patio del Mar Lúgubre, y donde silba
la solitaria serpiente, donde cava
el último zorro herido y esconde su tesoro
  sangriento
encuentro la tempestad y su voz de ruptura,
su voz de viejo libro, su boca de cien labios,
algo me dice, algo que el aire devora cada día.

LOS
DESCUBRIDORES
APARECEN Y
DE ELLOS NO
QUEDA NADA

Recuerda el agua cuanto le sucedió al navío.
La dura tierra extraña guarda sus calaveras
que suenan en el pánico austral como
  cornetas
y ojos de hombre y de buey, dan al día su
  hueco,
su anillo, su sonido de implacable estelaje.
El viejo cielo busca la vela,
      nadie
ya sobrevive: el buque destruído
vive con la ceniza del marinero amargo,
y de los puestos de oro, de las casas de cuero
del trigo pestilente, y de
la llama fría de las navegaciones
(cuánto golpe en la noche [roca y bajel] al
  fondo)
sólo queda el dominio quemado y sin
  cadáveres,
la incesante intemperie apenas rota

of a tiny comet seeking me out and sobbing.
No one observes the gust of wind, its expanse,
its howling through the prairies.
I approach and say: Let's go. I touch the
    South, flow
into the sand, see the dry blackened plant, all
    root and rock,
the islands scraped by water and sky,
Hunger River, Heart of Ashes,
Patio of the Dismal Sea, and, where
the solitary serpent hisses, where
the last wounded f(o)x digs to hide its bloody
    treasures,
I meet the storm and its voice of rupture,
its voice from an old book, its hundred-lipped
    mouth,
and it tells me something, something the wind
    devours every day.

THE
DISCOVERERS
APPEAR AND OF
THEM NOTHING
REMAINS

The water remembers what happened to the
    ship.
The hard foreign earth shelters their skulls
which resound in the southern panic like
    bugles,
and the eyes of man and ox lend the day
    their hollow,
their ring, their sound of implacable wake.
The old sky looks for the sail,

                    nobody
now survives: the wrecked ship
lives with the acrid sailors' ashes,
and of the gold-stalls, the leather houses
of pestilent wheat, of
the cold flame of voyages
(what blows strike in the night [rock on boat]
    at the bottom!)
all that remains is the burnt-out, corpseless
    domain,
the ceaseless rough weather scarce broken

por un negro fragmento
de fuego fallecido.

SÓLO SE
IMPONE LA
DESOLACIÓN

Esfera que destroza lentamente la noche, el
    agua, el hielo,
extensión combatida por el tiempo y el
    término,
con su marca violeta, con el final azul
del arco iris salvaje
se sumergen los pies de mi patria en tu
    sombra
y aúlla y agoniza la rosa triturada.

RECUERDO
AL VIEJO
DESCUBRIDOR

Por el canal navega nuevamente
el cereal helado, la barba del combate,
el Otoño glacial, el transitorio herido.
Con él, con el antiguo, con el muerto,
con el destituído por el agua rabiosa,
con él, en su tormenta, con su frente.
Aún lo sigue el albatros y la soga de cuero
comida, con los ojos fuera de la mirada,
y el ratón devorado ciegamente mirando
entre los palos rotos el esplendor iracundo,
mientras en el vacío la sortija y el hueso
caen, resbalan sobre la vaca marina.

MAGALLANES

Cuál es el dios que pasa? Mirad su barba llena
    de gusanos
y sus calzones en que la espesa atmósfera
se pega y muerde como un perro náufrago:
y tiene peso de ancla maldita su estatura,
y silba el piélago y el aquilón acude
hasta sus pies mojados.
                  Caracol de la oscura
sombra del tiempo,
             espuela

by a black fragment
of dead fire.

DESOLATION
REIGNS ALONE

Sphere slowly shattered by the night, the
    water, the ice,
space overcome by time and termination:
violet-veined with the ultimate blue
of a wild rainbow
my country's feet lie submerged in your
    shadow
and the battered rose keens in its agony.

I RECALL
THE ANCIENT
DISCOVERER

Once again along the channel sails
the frozen wheat, the corn-bread of combat,
the Glacial Fall, the transitory casualty.
They sail with him, the Old Man, the dead
    man
exiled by the furious water,
with him, in turmoil, with his front.
Still the albatross follows and the frayed
    leather
rope, his eyes wandered out of his head,
the rat blindly swallowed, staring
through the rent masts at the splendour of
    wrath,
while through the void the ring and bone
fall, sliding off a manatee.

MAGELLAN

What god is that going by? Look at his
    maggoty beard
and his trousers stuck with heavy weather
bitten by thick air like a shipwrecked dog:
his height weighs like a foundered anchor,
and the sea hisses, the north wind flies
up to his wet feet.

                Caracol from out of the dark
shadow of time,
           spur

carcomida, viejo señor de luto litoral,
    aguilero
sin estirpe, manchado manantial, el estiércol
del Estrecho te manda,
y no tiene de cruz tu pecho sino un grito
del mar, un grito blanco, de luz marina,
y de tenaza, de tumbo en tumbo, de aguijón
    demolido.

LLEGA AL
PACIFICO
Porque el siniestro día del mar termina un
    día,
y la mano nocturna corta uno a uno sus
    dedos
hasta no ser, hasta que el hombre nace
y el capitán descubre dentro de sí el acero
y la América sube su burbuja
y la costa levanta su pálido arrecife
sucio de aurora, turbio de nacimiento
hasta que de la nave sale un grito y se ahoga
y otro grito y el alba que nace de la espuma.

TODOS HAN
MUERTO
Hermanos de agua y piojo, de planeta
    carnívoro:
visteis, al fin, el árbol del mástil agachado
por la tormenta? Visteis la piedra machacada
bajo la loca nieve brusca de la ráfaga?
Al fin, ya tenéis vuestro paraíso perdido,
al fin, tenéis vuestra guarnición maldiciente,
al fin, vuestros fantasmas atravesados del aire
besan sobre la arena la huella de la foca.
Al fin, a vuestros dedos sin sortija
llega el pequeño sol del páramo, el día
    muerto,
temblando, en su hospital de olas y piedras.

gnawed away, old lord of littoral keening,
  eagle-aerie
without pedigree, tainted well, the Straits'
  guano
directs you,
and your breast bears no cross beyond a shout
from the sea, a white shout of marine light
and claw, from fall to fall, of washed-out goad.

HE REACHES
THE PACIFIC
Since one day the sinister sea's day ends
and the nocturnal hand cuts off its fingers one
  by one
till it is not, till the man is born
and the Captain discovers steel within himself
and America raises its bubble
and the coast proffers its pale reef
dank with dawn, turbid with birth
till a shout comes from the ship and is
  drowned
and then another shout and dawn is born
  from the foam.

THEY ALL
HAVE DIED
Brothers of the water and the lice, of the
  carnivorous planet:
did you see at the last the mast-tree bend
to the storm? Did you see the stone crushed
beneath the mad sudden snow of the squall?
At the last, your paradise is lost,
at the last, your garrison accursed,
at the last, your phantoms transfixed by air
kissing the tread of the seal in the sand.
At the last, the small sun of the paramo, the
  dead day,
trembling, in its hospital of waves and stones,
reaches your ringless fingers.

                                    [A.K.]

A Pesar de la Ira

Roídos yelmos, herraduras muertas!

Pero a través del fuego y la herradura
como de un manantial iluminado
por la sangre sombría,
con el metal hundido en el tormento
se derramó una luz sobre la tierra:
número, nombre, línea y estructura.

Páginas de agua, claro poderío
de idiomas rumorosos, dulces gotas
elaboradas como los racimos,
sílabas de platino en la ternura
de unos aljofarados pechos puros,
y una clásica boca de diamantes
dío su fulgor nevado al territorio.

Allá lejos la estatua desponía
su mármol muerto,
                        y en la primavera
del mundo, amaneció la maquinaria.

La técnica elevaba su dominio
y el tiempo fué velocidad y ráfaga
en la bandera de los mercaderes.

Luna de geografía
que descubrió la planta y el planeta
extendiendo geométrica hermosura
en su desarrollado movimiento.
Asia entregó su virginal aroma.
La inteligencia con un hilo helado

In Spite of Wrath

Corroded helmets, dead horseshoes!

But through the fire and the horseshoe
as from a wellspring illuminated
by murky blood,
along with the metal thrust home in the holocaust
a light fell over the earth:
number, name, line and structure.

    Pages of water, clear power
    of murmuring tongues, sweet drops
    worked like clusters,
    platinum syllables in the tenderness
    of dew-streaked breasts,
    and a classic diamond mouth
    gave its snowy brilliance to the land.

    In the distance the statue asserted
    its dead marble,
               and in the spring
    of the world, machinery dawned.

        Technique erected its dominion
        and time became speed and a flash
        on the banner of the merchants.

Moon of geography
that discovered plant and planet
extending geometric beauty
in its unfolding movement.
Asia handed up its virginal scent.
Intelligence, with a frozen thread,

fué detrás de la sangre hilando el día.
El papel repartió la miel desnuda
guardada en las tinieblas.

Un vuelo
de palomar salió de la pintura
con arrebol y azul ultramarino.

Y las lenguas del hombre se juntaron
en la primera ira, antes del canto.

Así, con el sangriento
titán de piedra,
halcón encarnizado,
no sólo llegó sangre sino trigo.

La luz vino a pesar de los puñales.

followed behind blood, spinning out the day.
The paper called for the distribution of the naked honey
kept in the darkness.

A pigeon-house
flight was flushed from the painting
in sunset-cloud-red and ultramarine blue.

And the tongues of men were joined
in the first wrath, before song.

Thus, with the sanguinary
titan of stone,
infuriated falcon,
came not only blood but wheat.

Light came despite the daggers.

[A.K.]

Educación del Cacique

Lautaro* era una flecha delgada.
Elástico y azul fué nuestro padre.
Fué su primera edad sólo silencio.
Su adolescencia fué dominio.
Su juventud fué un viento dirigido.
Se preparó como una larga lanza.
Acostumbró los pies en las cascadas.
Educó la cabeza en las espinas.
Ejecutó las pruebas del guanaco.
Vivió en las madrigueras de la nieve.
Acechó la comida de las águilas.
Arañó los secretos del peñasco.
Entretuvo los pétalos del fuego.
Se amamantó de primavera fría.
Se quemó en las gargantas infernales.
Fué cazador entre las aves crueles.
Se tiñeron sus mantos de victorias.
Leyó las agresiones de la noche.
Sostuvo los derrumbes del azufre.

Se hizo velocidad, luz repentina.

Tomó las lentitudes del Otoño.
Trabajó en las guaridas invisibles.
Durmió en las sábanas del ventisquero.
Igualó la conducta de las flechas.
Bebió la sangre agreste en los caminos.
Arrebató el tesoro de las olas.
Se hizo amenaza como un dios sombrío.
Comió en cada cocina de su pueblo.
Aprendió el alfabeto del relámpago.

Education of the Chieftain

Lautaro* was a slender arrow.
Supple and blue was our father.
His first years were all silence.
His adolescence authority.
His youth an aimed wind.
He trained himself like a long lance.
He habituated his feet in cascades.
He schooled his head among thorns.
He executed the essays of the guanaco.
He lived in the burrows of the snow.
He ambushed the prey of eagles.
He scratched the secrets from crags.
He allayed the petals of fire.
He suckled cold springtime.
He burned in infernal gorges.
He was a hunter among cruel birds.
His mantle was stained with victories.
He perused the night's aggressions.
He bore the sulphur landslides.

He made himself velocity, sudden light.

He took on the sluggishness of Autumn.
He worked in the invisible haunts.
He slept under the sheets of snowdrifts.
He equalled the conduct of arrows.
He drank wild blood on the roads.
He wrested treasure from the waves.
He made himself menace, like a sombre god.
He ate from each fire of his people.
He learned the alphabet of the lightning.

* An Araucanian chieftain (Translator's note).

Olfateó las cenizas esparcidas.
Envolvió el corazón con pieles negras.
Descifró el espiral hilo del humo.
Se construyó de fibras taciturnas.
Se aceitó como el alma de la oliva.
Se hizo cristal de transparencia dura.
Estudió para viento huracanado.
Se combatió hasta apagar la sangre.

Sólo entonces fúe digno de su pueblo.

He scented the scattered ash.
He wrapped his heart in black skins.
He deciphered the spiral thread of smoke.
He made himself out of taciturn fibres.
He oiled himself like the soul of the olive.
He became glass of transparent hardness.
He studied to be a hurricane wind.
He fought himself until his blood was extinguished.

Only then was he worthy of his people.

[A.K.]

El Oro

Tuvo el oro ese día de pureza.
Antes de hundir de nuevo su estructura
en la sucia salida que lo aguarda,
recién llegado, recién desprendido
de la solemne estatua de la tierra,
fué depurado por el fuego, envuelto
por el sudor y las manos del hombre.

Allí se despidió el pueblo del oro.
Y era terrestre su contacto, puro
como la madre gris de la esmeralda.
Igual era la mano sudorosa
que recogió el lingote enmarañado,
a la cepa de tierra reducida
por la infinita dimensión del tiempo,
al color terrenal de las semillas,
al suelo poderoso de secretos,
a la tierra que labra los racimos.

Tierras del oro sin manchar, humanos
materiales, metal inmaculado
del pueblo, virginales minerías,
que se tocan sin verse en la implacable
encrucijada de sus dos caminos:
el hombre seguirá mordiendo el polvo,
seguirá siendo tierra pedregosa,
y el oro subirá sobre su sangre
hasta herir y reinar sobre el herido.

Gold

Gold had its day of purity.
Before its structure sank again
into the dirty issue awaiting it,
recently arrived, recently loosed
from the solemn statue of the earth,
it was purified by fire, enveloped
in the sweat and hands of man.

At that point the populace took leave of gold.
Its contact was terrestrial, pure
as the mother lode grey of emerald.
So was the sweating hand
that took up the entangled ingot,
shrunk to an earthen stump
by the infinite dimension of time,
reduced to the earthy colour of seed,
to the potent soil of secrets,
to vine-producing earth.

Lands of unblemished gold, human
matter, the people's impeccable
metal, virginal mines,
sightlessly touching at the implacable
crossroads of their two ways:
man will go on biting at the dust,
he will go on being stony ground,
and gold will rise over his blood
until it wounds and reigns over the wounded.

[A.K.]

El Poeta

Antes anduve por la vida, en medio
de un amor doloroso: antes retuve
una pequeña página de cuarzo
clavándome los ojos en la vida.
Compré bondad, estuve en el mercado
de la codicia, respiré las aguas
más sordas de la envidia, la inhumana
hostilidad de máscaras y seres.
Viví un mundo de ciénaga marina
en que la flor de pronto, la azucena
me devoraba en su temblor de espuma,
y donde puse el pie resbaló mi alma
hacia las dentaduras del abismo.
Así nació mi poesía, apenas
rescatada de ortigas, empuñada
sobre la soledad como un castigo,
o apartó en el jardín de la impudicia
su más secreta flor hasta enterrarla.
Aislado así como el agua sombría
que vive en sus profundos corredores,
corrí de mano en mano, al aislamiento
de cada ser, al odio cuotidiano.
Supe que así vivían, escondiendo
la mitad de los seres, como peces
del más extraño mar, y en las fangosas
inmensidades encontré la muerte.
La muerte abriendo puertas y caminos.
La muerte deslizándose en los muros.

The Poet

In the old days I went through life
in the grip of a tragic love and cherishing
a little leaflet of quartz
and I nailed life down with my eyes.
I shopped for generosity, walked
in the market of greed, inhaled
the most secret fumes of envy, the inhuman
hostility of masks and men.
I lived a world of everglades
where the sudden flower, the madonna lily
devoured me in her shivering foam
and wherever I set my foot my soul sideslipped
into the jaws of death.
This is the way my poetry was born – no sooner than
redeemed from nettles, won
out of solitude like a punishment,
or how it set apart its most mysterious flower
in the brazen garden, as if to bury it.
Locked out this way like the dark waters
that live in its deep channels
I ran this way and that seeking the solitude
of every being, the daily hatefulness.
I knew that they thrived by drowning
half human life like fish
in the most foreign seas, and in the hugeness of
the vasty deep I met with death.
Death opening doors and paths.
Death slithering over walls.

[N.T.]

El Gran Océano

Si de tus dones y de tus destrucciones, Océano, a mis manos
pudiera destinar una medida, una fruta, un fermento,
escogería tu reposo distante, las líneas de tu acero,
tu extensión vigilada por el aire y la noche,
y la energía de tu idioma blanco
que destroza y derriba sus columnas
en su propia pureza demolida.

    No es la última ola con su salado peso
la que tritura costas y produce
la paz de arena que rodea el mundo:
es el central volumen de la fuerza,
la potencia extendida de las aguas,
la inmóvil soledad llena de vidas.
Tiempo, tal vez, o copa acumulada
de todo movimiento, unidad pura
que no selló la muerte, verde víscera
de la totalidad abrasadora.

    Del brazo sumergido que levanta una gota
no queda sino un beso de la sal. De los cuerpos
del hombre en tus orillas una húmeda fragancia
de flor mojada permanece. Tu energía
parece resbalar sin ser gastada,
parece regresar a su reposo.

    La ola que desprendes,
arco de identidad, pluma estrellada,
cuando se despeñó fué sólo espuma,
y regresó a nacer sin consumirse.

The Great Ocean

If, Ocean, you could grant, out of your gifts and dooms,
some measure, fruit or ferment for my hands,
I'd choose your distant rest, your brinks of steel,
your furthest reaches watched by air and night,
the energy of your white dialect
downing and shattering its columns
in its own demolished purity.

Not the last wave with its weight of salt
crumbles the coastline and produces
a truce of sand encircling the world:
but tugging gravity, the pull of force,
the far-flung potency of waters
and the still solitude replete with lives.
Time, no doubt, or brimming crucible
of movement, primal unity
that death has left unsealed, green viscerae
of all-consuming oneness.

Of the drowned arm which lifts the water drop
only a kiss of salt remains. A humid fragrance
of drifting flowers clings where humans
bathed along your shores. Your energy
appears to glide away unspent,
seems to return to its original rest.

The wave you part with,
bow of identity, starry feather,
was only foam when it fell to pieces
and returned to be born, unconsumed.

Toda tu fuerza vuelve a ser origen.
Sólo entregas despojos triturados,
cáscaras que apartó tu cargamento,
lo que expulsó la acción de tu abundancia,
todo lo que dejó de ser racimo.

Tu estatua está extendida más allá de las olas.

Viviente y ordenada como el pecho y el manto
de un solo ser y sus respiraciones,
en la materia de la luz izadas,
llanuras leventadas por las olas,
forman la piel desnuda del planeta.
Llenas tu propio ser con tu substancia.

Colmas la curvatura del silencio.

Con tu sal y tu miel tiembla la copa,
la cavidad universal del agua,
y nada falta en ti como en el cráter
desollado, en el vaso cerril:
cumbres vacías, cicatrices, señales
que vigilan el aire mutilado.

Tus pétalos palpitan contra el mundo,
tiemblan tus cereales submarinos,
las suaves ovas cuelgan su amenaza,
navegan y pululan las escuelas,
y sólo sube al hilo de las redes
el relámpago muerto de la escama,
un milímetro herido en la distancia
de tus totalidades cristalinas.

Your whole strength clambers back to its origins.
You surrender nothing but mangled spoils,
husks your carriage swept aside,
the rejects of your abundant labour,
the shreds of afterbirth.

Your statue throws its shadow beyond the furthest wave.

Living and co-related like breast and garment
of a single being and the breaths he draws,
in the matter of light hauled from the deep
meadows uplifted by the waves
create the naked membrane of the planet.
You fill your own being with your substance.

And fulfil the curvature of silence.

The cup trembles with your salt and honey,
the universal womb of waters,
and nothing is wanting in you, as in the flayed
crater, the unpolished pit:
desolate summits, scars, adhesions,
protecting the mutilated air.

   Your petals throb against the world,
   your submarine crops tremble,
   the smooth algae brood like a menace,
   the schools navigate and propagate
   and only the dead lightning of scales
   rises to the thread of the fishing nets
   a wounded marker in the distance
   of your crystalline totalities.

[N.T.]

Los Peces y el Ahogado

De pronto vi pobladas las regiones
de intensidad, de formas aceradas,
bocas como una línea que cortaba,
relámpagos de plata sumergida,
peces de luto, peces ojivales,
peces de firmamento tachonado,
peces cuyos lunares resplandecen,
peces que cruzan como escalofríos,
blanca velocidad, ciencias delgadas
de la circulación, bocas ovales
de la carnicería y el aumento.

Hermosa fué la mano o la cintura
que rodeada de luna fugitiva
vió trepidar la población pesquera,
húmedo río elástico de vidas,
crecimiento de estrella en las escamas,
ópalo seminal diseminado
en la sábana oscura del océano.

Vió arder las piedras de plata que mordían
estandartes de trémulo tesoro,
y sometió su sangre descendiendo
a la profundidad devoradora,
suspendido por bocas que recorren
su torso con sortijas sanguinarias
hasta que desgreñado y dividido
como espiga sangrienta, es un escudo
de la marea, un traje que trituran
las amatistas, una herencia herida
bajo el mar, en el árbol numeroso.

The Fish and the Drowned Man

Suddenly I saw the environs intensely
populated, with steely forms,
mouths like cutting edges,
lightning-bolts of submerged silver,
fish in mourning, ogive-fish,
fish of a gilt-nailed firmament,
fish with flashing polka dots,
fish criss-crossing like chills,
a white velocity, a thin science
of circulation, the oval mouths
of havoc and growth.

The hand or waist was handsome
which, surrounded by a fugitive moon,
saw the fishery denizens teeming,
a humid river elastic with lives,
an increment of stars along the scales,
seminal opal disseminated
on the murky ocean's bedsheet.

He saw the silver stones that bit him burn,
banners of a tremulous treasure,
and he submitted his blood as he descended
to the devouring depths,
suspended from mouths that circle
his torso with sanguinary rings
until, dishevelled and divided,
like an oozing stem, he is the escutcheon
of the tide, a suit triturated
by the amethysts, a wounded inheritance
under the sea, on the numerous tree.

[A.K.]

Rapa Nui

Tepito-Te-Henúa, ombligo del mar grande,
taller del mar, extinguida diadema.
De tu lava escorial subió la frente
del hombre más arriba del Océano,
los ojos agrietados de la piedra
midieron el ciclónico universo,
y fué central la mano que elevaba
la pura magnitud de tus estatuas.

Tu roca religiosa fué cortada
hacia todas las lineas del Océano
y los rostros del hombre aparecieron
surgiendo de la entraña de las islas,
naciendo de los cráteres vacíos
con los pies enredados al silencio.

Fueron los centinelas y cerraron
el ciclo de las aguas que llegaban
desde todos los húmedos dominios,
y el mar frente a las máscaras detuvo
sus tempestuosos árboles azules.
Nadie sino los rostros habitaron
el círculo del reino. Era callado
como la entrada de un planeta, el hilo
que envolvía la boca de la isla.

Así, en la luz del ábside marino
la fábula de piedra condecora
la inmensidad con sus medallas muertas,
y los pequeños reyes que levantan
toda esta solitaria monarquía
para la eternidad de las espumas,

Rapa Nui

Tepito-Te-Henúa, omphalos of the Ocean,
workshop of the sea, extinguished diadem.
From your slag lava rose the forehead
of man above the Ocean;
the slit eyes of the stone
measured the cyclonic universe,
and the hand that raised
the pure magnitude of your statues was centric.

Your religious rock was cut
towards all the lines of Ocean
and the faces of man appeared
issuing from the matrix of islands,
born from the empty craters
their feet entwined in silence.

They were the sentinels and they closed
the cycle of the waters that surged
from all the wet domains,
and the sea, facing the masks, detained
their tempestuous blue trees.
No one but the face inhabited
the orbit of the kingdom. It was as silent
as the entrance to a planet, the thread
which enveloped the mouth of the island.

Thus, in the light of the marine apse
the stone fable decorates
the immensity with its defunct medals,
and the small kings who mount
this whole solitary monarchy
for the eternity of sea-foam

vuelven al mar en la noche invisible,
vuelven a sus sarcófagos de sal.

Sólo el pez luna que murió en la arena.

Sólo el tiempo que muerde los moais.

Sólo la eternidad en las arenas
conocen las palabras:
la luz sellada, el laberinto muerto,
las llaves de la copa sumergida.

return to the sea in the invisible night,
return to their sarcophagi of salt.

Only, the moon fish which died in the sand.

Only, time which gnaws away at the moa birds.

    Only, the eternity in the sands
    knowing the words:
    the sealed light, the dead labyrinth,
    the keys to the submerged bowl.

[A.K.]

Los Constructores de Estatuas (Rapa Nui)

Yo soy el constructor de las estatuas. No tengo nombre.
No tengo rostro. El mío se desvió hasta correr
sobre la zarza y subir impregnando las piedras.
Ellas tienen mi rostro pertificado, la grave
soledad de mi patria, la piel de Oceanía.

Nada quieren decir, nada quisieron
sino nacer con todo su volumen de arena,
subsistir destinadas al tiempo silencioso.

Tú me preguntarás si la estatua en que tantas
uñas y manos, brazos oscuros fuí gastando,
te reserva una sílaba del cráter, un aroma
antiguo, preservado por un signo de lava?

No es así, las estatuas son lo que fuimos, somos
nosotros, nuestra frente que miraba las olas,
nuestra materia a veces interrumpida, a veces
continuada en la piedra semejante a nosotros.

Otros fueron los dioses pequeños y malignos,
peces, pájaros que entretuvieron la mañana,
escondiendo las hachas, rompiendo la estatura
de los más altos rostros que concibió la piedra.

Guarden los dioses el conflicto, si lo quieren,
de la cosecha postergada, y alimenten
el azúcar azul de la flor en el baile.

Suban ellos y bajen la llave de la harina:
empapen ellos todas las sábanas nupciales
con el polen mojado que imperceptible danza
adentro de la roja primavera del hombre,

The Builders of Statues (Rapa Nui)

I am these statues' builder. I have no name.
I have no countenance. My face was averted until it led
into the brambles and climbed the walls
to impregnate them: they bear my petrified exterior,
the grave aloneness of my land, the skin of Oceania.

They mean nothing, they never meant
anything, but to be born in all their volume of sand,
survive their destiny to silent time.

You will ask me if the statue on which
I wore out so many fingernails and hands and abstruse
    arms
retains a single syllable from the crater for you, some ancient
aroma, preserved under a sign of lava?

Not so. The statues are what we were, are,
our foreheads gazing out at the waves,
our substance, sometimes severed, sometimes
continued in the stone in our image.

The small, malign gods, the fish, the birds
that filled the morning were something other,
hiding the hatchets, breaking down the stature
of the highest countenances the stone conceived.

Let the gods, if they want, harbour the wrangle
over the delayed harvest, and let them feed
the blue sugar of the flower in the dance.

Let them go up and bring down the key to the flour:
let them drench all the nuptial bedsheets
with the wet pollen that dances imperceptibly
within the red spring of man:

pero hasta estas paredes, a este cráter, no vengas
sino tú, pequeñito, mortal, picapedrero.

Se van a consumir esta carne y la otra,
la flor perecerá tal vez, sin armadura,
cuando estéril aurora, polvo reseco, un día
venga la muerte al cinto de la isla orgullosa,
y tú, estatua, hija del hombre, quedarás
mirando con los ojos vacíos que subieron
desde una mano y otra de inmortales ausentes.

Arañarás la tierra hasta que nazca
la firmeza, hasta que caiga la sombra en la estructura
como sobre una abeja colosal que devora
su propia miel perdida en el tiempo infinito.

Tus manos tocarán la piedra hasta labrarla
dándole la energía solitaria que pueda
subsistir, sin gastarse los nombres que no existen,
y así desde una vida a una muerte, amarrados
en el tiempo como una sola mano que ondula,
elevamos la torre calcinada que duerme.

La estatua que creció sobre nuestra estatura.

Miradlas hoy, tocad esta materia, estos labios
tienen el mismo idioma silencioso que duerme
en nuestra muerte, y esta cicatriz arenosa,
que el mar y el tiempo como lobos han lamido,
eran parte de un rostro que no fué derribado,
punto de un ser, racimo que derrotó cenizas.

Así nacieron, fueron vidas que labraron
su propia celda dura, su panal en la piedra.
Y esta mirada tiene más arena que el tiempo.
Más silencio que toda la muerte en su colmena.

Fueron la miel de un grave designio que habitaba
la luz deslumbradora que hoy resbala en la piedra.

but to these walls, to this crater, do not come
anyone but you, little one, mortal, stone-cutter.

This flesh and the other will be consumed,
the flower will doubtless perish without residue,
when death – sterile dawn, desiccated dust –
comes one day into the girdle of the haughty island,
and you, statue, daughter of man, will remain
gazing with the empty eyes that rose
up through one and another hand of the absent immortals.

You shall scratch at the earth until compactness
is born, until the shadow falls upon the structure
as upon a colossal bee that eats
its own honey lost in infinite time.

Your hands will touch the stone until it's shaped
and given the solitary energy
that lasts, without using up names that don't exist,
and so from one life to one death, lashed
to time like a single hand that waves,
we raised the calcined tower which sleeps.

The statue which grew upon our stature.

Look at them now, touch this substance, these lips
speak the same silent language that sleeps
in our death, and this sandy scar
which time and the sea like wolves have licked,
were part of a face that was not overthrown,
point of a being, a cluster which routed the ashes.

Thus as at birth, they were lives which fashioned
their own hard cells, their honeycomb in stone.
And this look bears more sand than time has.
More silence than all of death in its hive.

They were the honey of a grave design that inhabited
the dazzling light that slides today on the stone.

[A.K.]

La Lluvia (Rapa Nui)

No, que la Reina no reconozca
tu rostro, es más dulce
así, amor mío, lejos de las efigies, el peso
de tu cabellera en mis manos, recuerdas
el árbol de Mangareva cuyas flores caían
sobre tu pelo? Estos dedos no se parecen
a los pétalos blancos: míralos, son como raíces,
son como tallos de piedra sobre los que resbala
el lagarto. No temas, esperemos que caiga la lluvia,
                                        desnudos,
la lluvia, la misma que cae sobre Manu Tara.

Pero así como el agua endurece sus rasgos en la piedra,
sobre nosotros cae llevándonos suavemente
hacia la oscuridad, más abajo del agujero
de Ranu Raraku. Por eso
que no te divise el pescador ni el cántaro. Sepulta
tus pechos de quemadura gemela en mi boca,
y que tu cabellera sea una pequeña noche mía,
una oscuridad cuyo perfume mojado me cubre.

De noche sueño que tú y yo somos dos plantas
que se elevaron juntas, con raíces enredadas,
y que tú conoces la tierra y la lluvia como mi boca,
porque de tierra y de lluvia estamos hechos. A veces
pienso que con la muerte dormiremos abajo,
en la profundidad de los pies de la efigie, mirando
el Océano que nos trajo a construir y a amar.

Mis manos no eran férreas cuando te conocieron, las aguas
de otro mar las pasaban como a una red; ahora
agua y piedras sostienen semillas y secretos.

Rain (Rapa Nui)

No, better the Queen not recognize
your face, it's sweeter
this way, my love, far from the effigies, the weight
of your hair in my hands. Do you remember
the Mangareva tree whose flowers fell
in your hair? These fingers are not like
the white petals: look at them, they're like roots,
they're like stone shoots over which the lizard
slides. Don't be afraid, we'll wait for the rain to fall,
                                        naked,
the rain, the same as falls over Manu Tara.

But just as water inures its strokes on the stone,
it falls on us, washing us softly
towards obscurity down below the hole
of Ranu Raraku. And so
don't let the fisherman or the wine-pitcher see you.
Bury your twin-burning breasts in my mouth,
and let your head of hair be a small night for me,
a darkness of wet perfume enveloping me.

At night I dream that you and I are two plants
that grew together, roots entwined,
and that you know the earth and the rain like my mouth,
since we are made of earth and rain. Sometimes
I think that with death we will sleep below,
in the depths at the feet of the effigy, looking over
the Ocean which brought us here to build and make love.

My hands were not ferreous when they met you, the waters
of another sea went through them as through a net; now
water and stones sustain seeds and secrets.

Amame dormida y desnuda, que en la orilla
eres como la isla: tu amor confuso, tu amor
nombrado, escondido en la cavidad de los sueños,
es como el movimiento del mar que nos rodea.

Y cuando yo también vaya durmiéndome
en tu amor, desnudo,
deja mi mano entre tus pechos para que palpite
al mismo tiempo que tus pezones mojados en la lluvia.

Sleeping and naked, love me: on the shore
you are like the island: your love confused, your love
astonished, hidden in the cavity of dreams,
is like the movement of the sea around us.

And when I too begin falling asleep
in your love, naked,
leave my hand between your breasts so it can throb
along with your nipples wet with rain.

[A.K.]

Antártica

Antártica, corona austral, racimo
de lámparas heladas, cineraria
de hielo desprendida
de la piel terrenal, iglesia rota
por la pureza, nave desbocada
sobre la catedral de la blancura,
inmoladero de quebrados vidrios,
huracán estrellado en las paredes
de la nieve nocturna,
dame tu doble pecho removido
por la invasora soledad, el cauce
del viento aterrador enmascarado
por todas las corolas del armiño,
con todas las bocinas del naufragio
y el hundimiento blanco de los mundos
o tu pecho de paz que limpia el frío
como un puro rectángulo de cuarzo,
y lo no respirado, el infinito
material transparente, el aire abierto,
la soledad sin tierra y sin pobreza.
Reino del mediodía más severo,
arpa de hielo susurrada, inmóvil,
cerca de las estrellas enemigas.

Todos los mares son tu mar redondo.
Todas las resistencias del Océano
concentraron en ti su transparencia,
y la sal te pobló con sus castillos,
el hielo hizo ciudades elevadas
sobre una aguja de cristal, el viento
recorrió tu salado paroxismo
como un tigre quemado por la nieve.

Antarctic

Antarctic, austral crown, cluster
of frozen lights, cinerarium
of ice broken off
the terrestrial fabric, cathedral rent
by purity, nave brought down
over the basilica of whiteness,
immolator of shattered glass,
hurricane dashed against the walls
of nocturnal snow,
give me your double breast stirred
by the invader solitude, channel
of the terrifying wind masked
behind all the corollas of an ermine,
behind all the klaxons of the shipwreck
and the white scuttling of the worlds,
or your breast of peace polished by the wind
like a pure rectangle of quartz,
and the un-breathed, the infinite
transparent material, the opened air,
the solitude without earth or poverty.
Kingdom of strictest meridian,
whispering ice-harp, immobile,
close to the enemy stars.

All seas are your circular sea.
All the resistances of Ocean
concentrated in you their transparency,
and salt settled you with castles,
the ice raised high cities
over a crystal spire, the wind
swept along your briny paroxysm
like a tiger burnt by the ice.

Tus cúpulas parieron el peligro
desde la nave de los ventisqueros,
y en tu dorsal desierto está la vida
como una viña bajo el mar, ardiendo
sin consumirse, reservando el fuego
para la primavera de la nieve.

Your cupolas gave birth to danger
from the vessel of the glaciers,
and life lies in your dorsal desert
like a vineyard underwater, burning
without consuming, preserving the fire
for the springtime of the ice.

[A.K.]

La Ola

La ola viene del fondo, con raíces
hijas del firmamento sumergido.
Su elástica invasión fué levantada
por la potencia pura del Océano:
su eternidad apareció inundando
los pabellones del poder profundo
y cada ser le dió su resistencia,
desgranó fuego frío en su cintura
hasta que de las ramas en la fuerza
despegó su nevado porderío.

Viene como una flor desde la tierra
cuando avanzó con decidido aroma
hasta la magnitud de la magnolia,
pero esta flor del fondo que ha estallado
trae toda la luz que fué abolida,
trae todas las ramas que no ardieron
y todo el manantial de la blancura.

Y así cuando sus párpados redondos,
su volumen, sus copas, sus corales
hinchan la piel del mar apareciendo
todo este ser de seres submarinos:
es la unidad del mar que se construye
la columna del mar que se levanta:
todos sus nacimientos y derrotas.

La escuela de la sal abrió las puertas,
voló toda la luz golpeando el cielo,
creció desde la noche hasta la aurora
la levadura del metal mojado,
toda la claridad se hizo corola,

The Wave

The wave comes up from the bottom, with roots
that are daughters of the submerged firmament.
Its elastic invasion was mounted
by the pure potency of the Ocean:
its eternity came on inundating
the pavilions of deep dominion,
each essence offering resistance,
as it scattered cold fire from its waist
until from the boughs in full force
it loosed its snowtopped might.

It comes on like a flower from the earth
advancing with decisive aroma
up to the magnitude of the magnolia;
but this flower from the depths already burst
brings along all the light ever abolished,
all the branches that never burned
and all the spring-source of whiteness.

Thus when its round eyelids,
its volume, its crests, its corals
swell the skin of the sea
and this whole essence of submarine essences appears,
it is the unity of the sea being built:
the column of the sea rising:
all its births and ships' defeats.

The school of the salt opened its doors,
and all the light flew up to batter at the sky,
the leaven of wetted metal
fermented from night to dawn,
all clarity turned to corolla,

creció la flor hasta gastar la piedra,
subió a la muerte el río de la espuma,
atacaron las plantas procelarias,
se desbordó la rosa en el acero:
los baluartes del agua se doblaron
y el mar desmoronó sin derramarse
su torre de cristal y escalofrío.

the flower grew until it consumed the stone,
the sea-froth river rose up to death
and the tempestuous plants were assailed,
and the rose overflowed the steel:
the bulwarks of the water bent
and the sea fell away without spilling
its tower of crystal chill.

[A.K.]

Los Navíos

Los barcos de la seda sobre la luz llevados,
erigidos en la violeta matutina,
cruzando el sol marítimo con rojos pabellones
deshilachados como estambres andrajosos,
el olor caluroso de las cajas doradas
que la canela hizo sonar como violines,
y la codicia fría que susurró en los puertos
en una tempestad de manos restregadas,
las bienvenidas suavidades verdes
de los jades, y el pálido cereal de la seda,
todo paseó en el mar como un viaje del viento
como un baile de anémonas que desparecieron.

Vinieron las delgadas velocidades, finas
herramientas del mar, peces de trapo,
dorados por el trigo, destinados
por sus mercaderías cenicientas,
por piedras desbordantes que brillaron
como el fuego cayendo entre sus velas,
o repletos de flores sulfurosas
recogidas en páramos salinos.
Otros cargaron razas, dispusieron
en la humedad de abajo, encadenados,
ojos cautivos que agrietaron con lágrimas
la pesada madera del navío.
Pies recién separados del marfil, amarguras
amontonadas como frutos malheridos,
dolores desollados como ciervos: cabezas
que desde los diamantes del verano cayeron
a la profundidad del estiércol infame.

The Ships

The silk ships over the light waves carried,
erect in the violet dawn,
crossing the maritime sun with red ensigns
ravelled like ragged yarns,
with ardent odour of gilt boxes
which cinnamon had made resound like violins,
and the cold greed which whispered in the ports
in a tempest of scrubbed hands,
the green welcome suavities
of jades, and the pallid cereal of silk,
everything strolled on the sea like a voyage of wind,
like a dance of disappearing anemones.

The delicate velocities came on, fine-honed
sea-tools, sailing-fish,
golden in their wheat, destined
by their cinderella cargoes,
by the super-ballast stones which shone
like fire falling between their sails,
or brimful of sulphurous flowers
gathered in briny highlands.
Other ships bore races, disposed
about the humid bottoms, chained,
captive eyes that cracked the heavy wood
of ship's planks with tears:
their feet but barely out from ivory, mounds
of bitter fruit, like damaged produce,
dolours like excoriated deer: heads
fallen from the diamonds of summer
into the depths of infamous manure.

Barcos llenos de trigo que temblaron
sobre las olas como en las llanuras
el viento cereal de las espigas:
naves de las ballenas, erizadas
de corazones duros como harpones,
lentas de cacería, desplazando
hacia Valparaíso sus bodegas,
velas grasientas que se sacudieron
heridas por el hielo y el aceite
hasta colmar las copas de la nave
con la cosecha blanda de la bestia.
Barcas desmanteladas que cruzaron
de tumbo en tumbo en el furor marino
con el hombre agarrado a sus recuerdos
y a los andrajos últimos del buque,
antes que, como manos cercenadas,
los fragmentos del mar los condujeran
a las delgadas bocas que poblaron
el espumoso mar en su agonía.
Naves de los nitratos, aguzadas
y alegres, como indómitos delfines
hacia las siete espumas deslizadas
por el viento en sus sábanas gloriosas,
finas como los dedos y las uñas,
veloces como plumas y corceles,
navegadoras de la mar morena
que pica los metales de mi patria.

Ships filled with wheat trembling
on the waves as on the plains
the cereal wind in the tassels.
Whalers covered all over and barbed
with hearts hard as harpoons:
slow in the chase, displacing
their holds towards Valparaiso:
greasy sails flapping in the wind
lacerated by ice and oil
until the topmast bower heaped
with the bland harvest of the beast.
Unmasted ships criss-crossing
as they career over and again in the sea-fury,
the men grappled to their memories
and the final tatters of the ship
before the fragments of the sea,
like chopped-off hands, led them
to the thin mouths inhabiting
the foamy sea in its death agony.
Nitrate ships, whetted
and gay, like indominable dolphins,
bound for the seven sprays made lubricous
by the wind in its glorious sheets,
as fine as fingers and fingernails,
swift as feathers and neighing chargers,
navigators of the darksome sea
that pries at the metals of my land.

[A.K.]

A Una Estatua de Proa (Elegía)

En las arenas de Magallanes te recogimos cansada
navegante, inmóvil
bajo la tempestad que tantas veces tu pecho dulce y doble
desafió dividiendo en sus pezones.

Te levantamos otra vez sobre los mares del Sur, pero ahora
fuiste la pasajera de lo obscuro, de los rincones, igual
al trigo y al metal que custodiaste
en alta mar, envuelta por la noche marina.

    Hoy eres mía, diosa que el albatros gigante
    rozó con su estatura extendida en el vuelo,
    como un manto de música dirigida en la lluvia
    por tus ciegos y errantes párpados de madera.

    Rosa del mar, abeja más pura que los sueños,
    almendrada mujer que desde las raíces
    de una encina poblada por los cantos
    te hiciste forma, fuerza de follaje con nidos,
    boca de tempestades, dulzura delicada
    que iría conquistando la luz con sus caderas.

    Cuando ángeles y reinas que nacieron contigo
    se llenaron de musgo, durmieron destinadas
    a la inmovilidad con un honor de muertos,
    tú subiste a la proa delgada del navío
    y ángel y reina y ola, temblor del mundo fuiste.
    El estremecimiento de los hombres subía
    hasta tu noble túnica con pechos de manzana,
    mientras tus labios eran oh dulce! humedecidos
    por otros besos dignos de tu boca salvaje.

To a Ship's Figurehead (Elegy)

On the sands of Magellan we found you weary
navigator, unmoving
in the tempest which so often your sweet and twofold
breast defied cleaving it with your nipples.

We raised you once more above the Southern seas, but now
you were the passenger of the obscure, of the corners, equal
to the wheat and metal you kept
on the high seas, wrapped in the maritime night.

Today you're mine, goddess whom the giant albatross
grazed with its stature extended in flight,
like a mantle of music conducted in the rain
by your blind and errant wooden eyelids.

Rose of the sea, bee purer than dreams,
almond woman who from the roots
of an oak peopled with song
made yourself form, force of foliage with nests,
mouth of storms, delicate sweetness
who would go out conquering light with her thighs.

When the angels and queens who were born with you
covered themselves with moss, they slept destined
to immobility with an honour guard of the dead,
you climbed the thin prow of the ship,
and, angel and queen and wave, you were the tremor of
     the world.
The shuddering of men rose
up to your noble tunic with its apple breasts
while your lips − O sweet! − were wetted
by other kisses worth your wild mouth.

Bajo la noche extraña tu cintura dejaba
caer el peso puro de la nave en las olas
cortando en la sombría magnitud un camino
de fuego derribado, de miel fosforescente.
El viento abrió en tus rizos su caja tempestuosa,
el desencadenado metal de su gemido,
y en la aurora la luz te recibió temblando
en los puertos, besando tu diadema mojada.

A vese detuviste sobre el mar tu camino
y el barco tembloroso bajó por su costado,
como una gruesa fruta que se desprende y cae,
un marinero muerto que acogieron la espuma
ye el movimiento puro del tiempo y del navío.
Y sólo tú entre todos los rostros abrumados
por la amenaza, hundidos en un dolor estéril,
recibiste la sal salpicada en tu máscara,
y tus ojos guardaron las lágrimas saladas.
Más de una pobre vida resbaló por tus brazos
hacia la eternidad de las aguas mortuorias,
y el roce que te dieron los muertos y los vivos
gastó tu corazón de madera marina.

Hoy hemos recogido de la arena tu forma.
Al final, a mis ojos estabas destinada.
Duermes tal vez, dormida, tal vez has muerto, muerta:
tu movimiento, al fin, ha olvidado el susurro
y el esplendor errante cerró su travesía.
Iras del mar, golpes del cielo han coronado
tu altanera cabeza con grietas y rupturas,
y tu rostro como una caracola reposa
con heridas que marcan tu frente balanceada.

Para mí tu belleza guarda todo el perfume,
todo el ácido errante, toda su noche oscura.
Y en tu empinado pecho de lámpara o de diosa,
torre turgente, inmóvil amor, vive la vida.
Tú navegas conmigo, recogida, hasta el día
en que dejen caer lo que soy en la espuma.

Under the strange night your waist let
fall the pure weight of the ship in the waves
cutting in the sombre magnitude a way
of overthrown fire, of phosphorescent honey.
The wind opened in your curls its tempestuous box
the unchained metal of its howl,
and in the dawn the light received you trembling
in the ports, kissing your wet diadem.

Sometimes you held back your ship's way at sea
and the tremulous vessel fell away to port
like a thick fruit which breaks and falls off
a dead seaman whom the spray
and the pure movement of time and the ship pick up.
And only you among all the faces submerged
by the threat, sunken in a sterile sorrow,
received the splashed brine on your mask,
and your eyes retained the salty tears.
More than one poor life slithered from your arms
towards the eternity of mortuary waters,
and the rubbing contact of the dead and the quick
expended your marine-wood heart.

Today we picked up your form from the sand.
In the end, you were destined for my eyes.
Doubtless you're sleeping, sleeper, perhaps you're dead, deceased:
and the errant splendor has ceased its wandering.
You'll leave the sea, blows from heaven have crowned
your haughty head with fissures and cracks,
and your face, like a conch shell reposes
with the wounds which mark your immutable forehead.

For me your beauty preserves all the perfume,
all the errant acid, all its dark night.
And in your high breasts of goddess or lamp,
turgescent tower, immobile love, life lives.
You navigate with me, my inmate, until the day
they let fall what I am in the spray.   [A.K.]

Las Aves Maltratadas

Alta sobre Tocopilla está la pampa nitrosa,
los páramos, la mancha de los salares, es el
desierto sin una hoja, sin un escarabajo,
sin una brízna, sin una sombra, sin tiempo.

Allí la garuma de los mares hizo sus nidos,
hace tiempo, en la arena solitaria y caliente,
dejó sus huevos desgranando el vuelo
desde la costa, en olas de plumaje,
hacia la soledad, hacia el remoto
cuadrado del desierto que alfombraron
con el tesoro suave de la vida.

Hermoso río desde el mar, salvaje
soledad del amor, plumas del viento
redondeadas en globos de magnolia,
vuelo arterial, palpitación alada
en que todas las vidas acumulan
en un río reunido, sus presiones:
así la sal estéril fué poblada,
fué coronado el páramo de plumas
y el vuelo se incubó en los arenales.

Llegó el hombre. Tal vez llenaron
su miseria de pálido extraviado
del desierto, las ramas del arrullo
que como el mar temblaba en el desierto,
tal vez lo deslumbró como una estrella
la extensión crepitante de blancura,
pero vinieron otros en sus pasos.

The Brutalized Birds

High over Tocopilla lies the nitrous pampa,
the wild plains, the daub of salt flats, the desert
without a leaf, without a scarab,
without a stock, without a shadow, without time.

The bird-beast of the sea laid its nests
a long time ago in the hot solitude of sand
leaving its eggs in a filament of flight
all the way from the coast, in waves of plumage
towards aloneness, towards the remote
square of the desert, which they carpeted
with the smooth hoard of life.

> Lovely river from the sea, wild
> solitude of love, feathers of the wind
> rounded into globes of magnolia,
> arterial flight, winged palpitation
> in which all lives pile up their pressures
> in the reunion of a river;
> thus the sterile salt was settled,
> the plain crowned with feathers
> and the flight incubated in the sands.

Then came man. Perhaps the branches
of susurration trembling like a sea in the desert
bloused out his pale misery of lost wanderer,
perhaps he was dazzled like a star
by the crackling endlessness of white;
and yet others followed in his footsteps.

Llegaron en el alba, con garrotes
y con cestos, robaron el tesoro,
apalearon las aves, derrotaron
nido a nido la nave de las plumas,
sopesaron los huevos y aplastaron
aquellos que tenían criatura.

Los levantaron a la luz y arrojaron
contra la tierra del desierto, en medio
del vuelo y del graznido y de la ola
del rencor, y las aves extendieron
toda su furia en el aire invadido,
y cubrieron el sol con sus banderas:
pero la destrucción golpeó los nidos,
enarboló el garrote y arrasada
fué la ciudad del mar en el desierto.

Más tarde la ciudad, en la salmuera
vespertina de nieblas y borrachos
oyó pasar los cestos que vendían
huevos de ave de mar, frutos salvajes
de páramo en que nada sobrevive,
sino la soledad sin estaciones,
y la sal agredida y rencorosa.

They came at dawn, with snares
and osier-traps, robbed the hoard,
clubbed the birds, knocked down,
nest by nest, the feather-nave,
they hefted the eggs and smashed
those that bore a foetus.

They raised them to the light, then hurled them
against the desert floor, amid
the flight and cawing and the wave
of hate, the birds spreading
their fury through the invaded air,
darkening the sun with their banners.
But destruction hammered the nests,
unfurled the snares, and the city
of the sea in the desert was razed.

Later on, the city, in the briny
eves of mists and drunkards,
heard the passage of the osier-baskets
selling sea-birds' eggs, wild fruit
of plains where nothing survives,
except the solitude without seasons
and the bruised and spiteful salt.

[A.K.]

Leviathan

Arca, paz iracunda, resbalada
noche bestial, antártica extranjera,
no pasarás junto a mí desplazando
tu témpano de sombra sin que un día
entre por tus paredes y levante
tu armadura de invierno submarino.

Hacia el Sur crepitó tu fuego negro
de expulsado planeta, el territorio
de tu silencio que movió las algas
sacudiendo la edad de la espesura.

Fué sólo forma, magnitud cerrada
por un temblor del mundo en que desliza
su majestad de cuero amedrentado
por su propia potencia y su ternura.

Acra de cólera encendida
con las antorchas de la nieve negra,
cuando tu sangre ciega fué fundada
la edad del mar dormía en los jardines,
y en su extensión la luna deshacía
la cola de su imán fosforescente.
La vida crepitaba
como una hoguera azul, madre medusa,
multiplicada tempestad de ovarios,
y todo el crecimiento era pureza,
palpitación de pámpano marino.

Así fué tu gigante arboladura
dispuesta entre las aguas como el paso
de la maternidad sobre la sangre,

Leviathan

Ark, wrathful peace, night of the brute
awash, alien antarctica,
you will not pass me by
heaving your berg of shadows without one day
my entering your walls and dredging up
your armature of sunken winters.

Your sombre fire spat south,
blown, exiled planet, your silent territories
shifting sargassos and shaking up
the solid ages of the sea.

Form throbbed alone, a hugeness sealed
by tremors in the world through which would glide
your hide of majesty, frightened itself
by its own potency and tenderness.

Shrine harsh with rage
fired by the torches of the charcoal snows,
when your blind blood was molten
the sea's antiquity slept in its gardens,
the moon in its reflection flew, unravelling
her tail of phosphorescent loadstones.
Life crackled
in blue bonfires, mother-medusa,
multiplied tempest of ovaries,
and all that flowering was purity,
a palpitation in the ocean's tendrils.

So was your forest of masts
arrayed among the waters
like the passing of maternity over blood

y tu poder fué noche inmaculada
que resbaló inundando las raíces.
Extravío y terror estremecieron
la soledad, y huyó tu continente
más allá de las islas esperadas:
pero el terror pasó sobre los globos
de la luna glacial, y entró en tu carne,
agredió soledades que ampararon
tu aterradora lámpara apagada.
La noche fué contigo: te envolvía
adhiriéndote un limo tempestuoso
y revolvió tu cola huracanada
el hielo en que dormían las estrellas.

Oh gran herida, manantial caliente
revolviendo sus truenos derrotados
en la comarca del arpón, teñido
por el mar de la sangre, desangrada,
dulce y dormida bestia conducida
como un ciclón de rotos hemisferios
hasta las barcas negras de la grasa
pobladas por rencor y pestilencia.

Oh gran estatua muerta en los cristales
de la luna polar, llenando el cielo
como una nube de terror que llora
y cubre los océanos de sangre.

and your power was immaculate night,
a sea-slide flooding of roots.
Terror and maps made mad shivered your solitude:
your continent sheered off
beyond the hoped-for islands;
yet terror glazed the breasts
of the iced moon, biting into your flesh,
invested solitudes which gave asylum
to your tremendous beacon now blown out.
Night was with you and clung to you
like tempestuous silt,
your whirlwind-withered tail
churning the ice in which the stars were sleeping.

Oh great and gashed! fountain of fire
whirling its ruined thunders
within the tethering of the harpoon,
dyed in your blood bath, drained of your life
drowsy and gentle beast
lugged like a maelstrom of ruptured hemispheres
to the black blubber ships
peopled by rancour and plague.

Oh great statue, dead among crystals
of the polar moon, filling the sky
with a lamenting, terrorizing cloud
that blankets the ocean with blood.

[N.T.]

No Sólo el Albatros

No de la primavera, no esperadas
sois, no en la sed de la corola,
no en la morada miel que se entreteje
hebra por hebra en cepas y racimos,
sino en la tempestad, en la andrajosa
cúpula torrencial del arrecife,
en la grieta horadada por la aurora,
y más aún, sobre las lanzas verdes
del desafío, en la desmoronada
soledad de los páramos marinos.

Novias de sal, palomas procelarias,
a todo aroma impuro de la tierra
disteis el dorso por el mar mojado,
y en la salvaje claridad hundisteis
la geometría celestial del vuelo.
Sagradas sois, no sólo la que anduvo
como gota ciclónica en la rama
del vendaval: no sólo la que anida
en las vertientes de la furia, sino
la gaviota de nieve redondeada,
la forma del guanay sobre la espuma,
la plateada fardela de platino.

Cuando cayó cerrado como un nudo
el alcatraz, hundiendo su volumen,
y cuando navegó la profecía
en las alas extensas del albatros,
y cuando el viento del petrel volaba
sobre la eternidad en movimiento,
más allá de los viejos cormoranes,
mi corazón se recogió en su copa

Not Alone the Albatross

Not with the spring are you awaited,
not in the thirst of the corolla,
not in the honey-house woven
fibre by fibre from vines and clusters,
but in the storm, the streaming
torrential dome over the reefs,
in the flaw rent by the dawn,
and even more, over the green pikes
of defiance, in the ruinous
solitude of the marine mesa.

Salt-betrothed, tempestuous doves,
you turned your back on every tainted wind
from land to face the wetted sea
and in the wild transparency submerged
your celestial geometry of flight.
Each one sacred, and not alone the one
like a cyclonic drop, off the branch
of the storm: not alone the one who nests
on the slopes of turmoil, but
also the sea-gull of shaped snow,
the form of the guanay through the spray,
silvered pack of platinum.

When the pelican fell like a tightened knot,
plummeting its volume down,
and when prophecy swooped
on the extended wings of the albatross,
and when the wind of the petrel plunged
over eternity in movement,
beyond the ancient cormorants,
my heart flowed into their cup

y extendió hacia los mares y las plumas
la desembocadura de su canto.

Dadme el estaño helado que en el pecho
lleváis hacia las piedras tempestuosas,
dadme la condición que se congrega
en las garras del águila marina,
o la estatura inmóvil que resiste
todos los crecimientos y rupturas,
el viento de azahar desamparado
y el sabor de la patria desmedida.

and spread towards the oceans and feathers
the disembougement of its song.

Let me have the icy pewter you take
in your breast towards the tempestuous rocks,
let me have the quality clutched
in the claws of the sea eagle,
or the immobile stature which resists
all the evolutions and ruptures,
the wind of the forsaken citrus flower
and the savour of infinite homeland.

[A.K.]

La Noche Marina

Noche Marina, estatua blanca y verde,
te amo, duerme conmigo. Fuí por todas
las calles calcinándome y muriendo,
crecío conmigo la madera, el hombre
conquistó su ceniza y se dispuso
a descansar rodeado por la tierra.

Cerró la noche para que tus ojos
no vieran su reposo miserable:
quiso proximidad, abrió los brazos
custodiado por seres y por muros,
y cayó al sueño del silencio, bajando
a tierra funeral con sus raíces.
Yo, noche Océano, a tu forma abierta,
a tu extensión que Aldebarán vigila,
a la boca mojada de tu canto
llegué con el amor que me construye.

Te vi, noche del mar, cuando nacías
golpeada por el nácar infinito:
vi tejerse las hebras estrelladas
y la electricidad de tu cintura
y el movimiento azul de los sonidos
que acosan tu dulzura devorada.

Ámame sin amor, sangrienta esposa.

Ámame con espacio, con el río
de tu respiración, con el aumento
de todos tus diamantes desbordados:
ámame sin la tregua de tu rostro,
dame la rectitud de tu quebranto.

The Marine Night

Marine night, white and green statue,
I love you: sleep with me. I went through all
the streets, disintegrating and dying,
the wood grew with me, man
vanquished his ashes and got ready
to rest surrounded by the earth.

Night fell so that your eyes
might not see his wretched repose:
desiring to be close, he opened his arms
guarded by beings and walls,
and fell into the dream of silence, descending
with his roots into funereal land.
I, Oceanic night, arrived with the love that makes me,
and reached your open form, the vastness that Aldebaran
watches over, the wet mouth of your song.

I saw you, night of the sea, as you were born,
bruised by infinite mother-of-pearl:
I watched the starry threads weaving
and the electricity of your girdle
and the blue motion of the sounds
that harass your devoured sweetness.

Love me without love, ravaged wife.

Love me with space, with the river
of your breathing, with all your
inundated diamonds magnified:
love me without trace of truce,
give me the rightness of your refraction.

Hermosa eres, amada, noche hermosa:
guardas la tempestad como una abeja
dormida en tus estambres alarmados,
y sueño y agua tiemblan en las copas
de tu pecho acosado de vertientes.

Nocturno amor, seguí lo que elevabas,
tu eternidad, la torre temblorosa
que asume las estrellas, la medida
de tu vacilación, las poblaciones
que levanta la espuma en tus costados
estoy encadenado a tu garganta
y a los labios que rompes en la arena.

Quién eres? Noche de los mares, díme
si tu escarpada cabellera cubre
toda la soledad, si es infinito
este espacio de sangre y de praderas.
Díme quién eres, llena de navíos,
llena de lunas que tritura el viento,
dueña de todos los metales, rosa
de la profundidad, rosa mojada
por la intemperie del amor desnudo.

Túnica de la tierra, estatua verde,
dame una ola como una campana,
dame una ola de azahar furioso,
la multitud de hogueras, los navíos
del cielo capital, el agua en que navego,
la multitud del fuego celeste: quiero un solo
minuto de extensión y más que todos
los sueños, tu distancia:
toda la púrpura que mides, el grave
pensativo sistema constelado:
toda tu cabellera que visita
la oscuridad, y el día que preparas.

You're lovely, beloved, lovely night:
you hold the storm like a bee
asleep in the stamens of your alarm,
and water and sleep tremble in the glasses
of your bosom hemmed by valleys.

Nocturnal love, I followed where you rose,
your eternity, the swaying tower
that assumes the stars, the measure
of your vacillation, the settlements
raised on your flanks by the spray:
I'm chained to your throat
and to the lips you wreak on the sand.

Who are you? Night of the seas, tell me
whether your rugged head of hair covers
the whole of solitude, whether this expanse
of blood and pastures is infinite.
Tell me: who are you, filled with ships,
covered with moons pulverized by the wind,
owner of all metals, rose
of the deep, rose wet
with the weather of naked love.

Tunic of the earth, green statue,
give me a bell-like wave,
give me a wave full of wild scent,
the multiplicity of bonfires, the ships
of the capital heaven, the water on which I sail,
the multitude of celestial fire: I want a single
minute of extension and, more than all
dreams, your distance:
the width of the purple you measure, the grave
meditative system of the constellations:
all your hair visited
by the dark, and the day you make ready.

Quiero tener tu frente simultánea,
abrirla en mi interior para nacer
en todas tus orillas, ir ahora
con todos los secretos respirados,
con tus oscuras líneas resguardadas
en mí como la sangre o las banderas,
llevando estas secretas proporciones
al mar de cada día, a los combates
que en cada puerta − amores y amenazas −
viven dormidos.
   Pero entonces
entraré en la ciudad con tantos ojos
como los tuyos, y sostendré la vestidura
con que me visitaste, y que me toquen
hasta el agua total que no se mide:
pureza y destrucción contra toda la muerte,
distancia que no puede gastarse, música
para los que duermen y para los que despiertan.

I want your simultaneous forehead,
to open it up inside me so as to be born
on all your shores, go now
with all secrets breathed,
your dark lines harboured
in me like blood or flags,
carrying these secret proportions
to each day's sea, to the battles
that in each portal — loves and threats —
lie sleeping.
　　　　　But then
I shall enter the city with as many eyes
as you have, and I shall hold up the vesture
in which you visited me, and let myself be touched
as high as the total water which is measureless:
purity and destruction against all death,
distance that is unexpendable, music
for those that sleep and for those that wake.

　　　　　　　　　　　　　　　　　　[A.K.]

El Vino

Vino de primavera . . . Vino de otoño, dadme
mis compañeros, una mesa en que caigan
hojas equinocciales, y el gran río del mundo
que palidezca un poco moviendo su sonido
lejos de nuestros cantos.
                              Soy buen compañero.

No entraste en esta casa para que te arrancara
un pedazo de ser. Tal vez cuando te vayas
te lleves algo mío, castañas, rosas o
una seguridad de raíces o naves
que quise compartir contigo, compañero.

Canta conmigo hasta que las copas
se derramen dejando púrpura desprendida
sobre la mesa.
                      Esa miel viene a tu boca
desde la tierra, desde sus oscuros racimos.

Cuántos me faltan, sombras del canto,
                                              compañeros
que amé dando la frente, sacando de mi vida
la incomparable ciencia varonil que profeso,
la amistad, arboleda de rugosa ternura.

Dame la mano, encuéntrate conmigo,
simple, no busques nada en mis palabras
sino la emanación de una planta desnuda.

Por qué me pides más que a un obrero? Ya sabes
que a golpes fuí forjando mi enterrada herrería,

Wine

Spring wine . . . autumn wine, give me
my comrades, a table upon which fall
equinoctial leaves, and let the great river of the world
turn a little pale in the stir of its sound
far from our songs.
                    I am a good companion.

    You didn't come into this house so I might tear off
    a piece of your life. Perhaps when you leave
    you'll take something of mine: chestnuts, roses or
    a surety of roots or boats
    that I wanted to share with you, comrade.

    Sing with me until the glasses
    spill over leaving purple remains
    on the table.
                This honey comes to your mouth
from out of the earth, from its sunken clusters.

How many are missing, shadows of song,
                           comrades
I loved face to face, distilling from my life
the peerless virile science I profess,
friendship, grove of rugged tenderness.

Give me your hand, meet with me,
simply, don't look for anything in my words
beyond the emanation of a bare plant.

Why ask more from me than from a workman? You already
   know
that I forged my interred smithery stroke by stroke

y que no quiero hablar sino como es mi lengua.
Sal a buscar doctores si no te gusta el viento.

Nosotros cantaremos con el vino fragoso
de la tierra: golpearemos las copas del Otoño,
y la guitarra o el silencio irán trayendo
líneas de amor, lenguaje de ríos que no existen,
estrofas adoradas que no tienen sentido.

and that I do not care to speak except as is my speech.
Go out and look for doctors if you don't like the wind.

We'll sing along with the sharp wine
of the earth: we'll knock back the glasses of autumn,
and the guitar or the silence will go on bringing
love-lines, the language of non-existent rivers,
well-beloved stanzas with no sense at all.

[A.K.]

From
Odas Elementales
(1954)

Oda a Una Castaña en el Suelo

Del follaje erizado
caíste
completa,
de madera pulida,
de lúcida caoba,
lista
como un violín que acaba
de nacer en la altura,
y cae
ofreciendo sus dones encerrados,
su escondida dulzura,
terminado en secreto
entre pájaros y hojas,
escuela de la forma,
linaje de la leña y de la harina,
instrumento ovalado
que guarda en su estructura
delicia intacta y rosa comestible.
En lo alto abandonaste
el erizado erizo
que entreabrió sus espinas
en la luz del castaño,
por esa partidura
viste el mundo,
pájaros
llenos de sílabas,
rocío
con estrellas,
y abajo
cabezas de muchachos
y muchachas,
hierbas que tiemblan sin reposo,

Ode to a Fallen Chestnut

From the bristling foliage
you fell
complete
all polished wood,
shining mahogany,
at the ready
like a violin which has just
been born up there
and drops
emprisoned treasures,
a hidden sweetness
perfected in secret
among birds and leaves,
the school of form,
lineage of kindling and flour,
an oval instrument
preserving in its structure
virgin delight, an edible rose.
Up there you left behind
the hedgehog husk
half opening its barbs
in the tree's twilight –
through that division
witnessed the world:
birds
brimming with syllables,
star-spangled
dew,
and below,
the heads of boys
and girls,
the restless waving grass,

humo que sube y sube.
Te decidiste,
castaña,
y saltaste a la tierra,
bruñida y preparada,
endurecida y suave
como un pequeño seno
de las islas de América.
Caíste
golpeando
el suelo
pero
nada pasó,
la hierba
siguió temblando, el viejo
castaño susurró como las bocas
de toda una arboleda,
cayó una hoja del otoño rojo,
firme siguieron trabajando
las horas en la tierra.
Porque eres
sólo
una semilla,
castaño, otoño, tierra,
agua, altura, silencio
prepararon el germen,
la harinosa espesura,
los párpados maternos
que abrirán, enterrados,
de nuevo hacia la altura
la magnitud sencilla
de un follaje,
la oscura trama húmeda
de unas nuevas raíces,
las antiguas y nuevas dimensiones
de otro castaño en la tierra.

smoke without ceiling.
You made up your mind
and jumped to earth,
tanned and prepared,
firm and soft
like a teenage breast
of the American islands.
You fell
thwacking
the ground
yet nothing changed —
grass
went on waving, the old
chestnut tree kept whispering with the mouths
of a whole grove of trees,
red autumn lost a leaf,
the steady hours kept busy at their work
throughout the earth.
Because
you're hardly more
than just a seed:
chestnut tree, autumn, earth,
water, sky, silence
mellowed the germ,
the floury thickness,
the maternal eyelids
which, buried, will open again
on to the sky
an artless majesty
of foliage,
the damp conspiracy
of new roots,
the old and new dimensions
of another chestnut tree pegged in earth.

[N.T.]

Oda al Libro (1)

Libro, cuando te cierro
abro la vida.
Escucho
entrecortados gritos
en los puertos.
Los lingotes del cobre
cruzan los arenales,
bajan a Tocopilla.
Es de noche.
Entre las islas
nuestro océano
palpita con sus peces.
Toca los pies, los muslos,
las costillas calcáreas
de mi patria.
Toda la noche pega en sus orillas
y con la luz del día
amanece cantando
como si despertara una guitarra.

A mí me llama el golpe
del océano. A mí
me llama el viento,
y Rodríguez me llama,
José Antonio,
recibí un telegrama
del sindicato 'Mina'
y ella, la que yo amo
(no les diré su nombre),
me espera en Bucalemu.

Libro, tú no has podido

Ode to the Book (1)

When I close a book
I open life.
I hear
faltering cries
among harbours.
Copper ingots
slide down sand-pits
to Tocopilla.
Night time.
Among the islands
our ocean
throbs with fish,
touches the feet, the thighs,
the chalk ribs
of my country.
The whole of night
clings to its shores, by dawn
it wakes up singing
as if it had excited a guitar.

The ocean's surge is calling.
The wind
calls me
and Rodríguez calls,
and José Antonio –
I got a telegram
from the 'Mine' Union
and the one I love
(whose name I won't let out)
expects me in Bucalemu.

No book has been able

empapelarme,
no me llenaste
de tipografía,
de impresiones celestes,
no pudiste
encuadernar mis ojos,
salgo de ti a poblar las arboledas
con la ronca familia de mi canto,
a trabajar metales encendidos
o a comer carne asada
junto al fuego en los montes.
Amo los libros
exploradores,
libros con bosque o nieve,
profundidad o cielo,
pero
odio
el libro araña
en donde el pensamiento
fué disponiendo alambre venenoso
para que allí se enrede
la juvenil y circundante mosca.
Libro, déjame libre.
Yo no quiero ir vestido
de volumen,
yo no vengo de un tomo,
mis poemas
no han comido poemas,
devoran
apasionados acontecimientos,
se nutren de intemperie,
extraen alimento
de la tierra y los hombres.
Libro, déjame andar por los caminos
con polvo en los zapatos
y sin mitología:
vuelve a tu biblioteca,
yo me voy por las calles.

to wrap me in paper,
to fill me up
with typography,
with heavenly imprints
or was ever able
to bind my eyes,
I come out of books to people orchards
with the hoarse family of my song,
to work the burning metals
or to eat smoked beef
by mountain firesides.
I love adventurous
books,
books of forest or snow,
depth or sky
but
hate
the spider book
in which thought
has laid poisonous wires
to trap the juvenile
and circling fly.
Book, let me go.
I won't go clothed
in volumes,
I don't come out
of collected works,
my poems
have not eaten poems —
they devour
exciting happenings,
feed on rough weather,
and dig their food
out of earth and men.
I'm on my way
with dust in my shoes
free of mythology:
send books back to their shelves,
I'm going down into the streets.

He aprendido la vida
de la vida,
el amor lo aprendí de un solo beso,
y no pude enseñar a nadie nada
sino lo que he vivido,
cuanto tuve en común con otros hombres,
cuanto luché con ellos:
cuanto expresé de todos en mi canto.

I learned about life
from life itself,
love I learned in a single kiss
and could teach no one anything
except that I have lived
with something in common among men,
when fighting with them,
when saying all their say in my song.

[N.T.]

Oda a Mirar Pájaros

Ahora
a buscar pájaros!
Las altas ramas férreas
en el bosque,
la espesa
fecundidad del suelo,
está mojado
el mundo,
brilla
lluvia o rocío, un astro
diminuto
en las hojas:
fresca
es la matutina
tierra madre,
el aire
es como un río
que sacude
el silencio,
huele a romero,
a espacio
y a raíces.
Arriba
un canto loco,
una cascada,
es un pájaro.
Cómo
de su garganta
más pequeña que un dedo
pueden caer las aguas
de su canto?

Birdwatching Ode

And now
to look for birds!
High metal treetops
in the forest,
the dense
prolific
undergrowth,
the whole world
drenched –
rain or dew shines,
a tiny planet
among leaves:
fresh is the dawnlit
mother earth,
the air
is like a river
winnowing
silence,
smelling of rosemary,
space
and roots.
Above
a crazy song,
a waterfall:
a bird.
How
can this throat
narrower than
a fingerwidth
gush singing waters?

Facultad luminosa!
Poderío
invisible,
torrente
de la música
en las hojas,
conversación sagrada!

Limpio, lavado, fresco
es este día,
sonoro
como cítara verde,
yo entierro
los zapatos
en el lodo,
salto los manantiales,
una espina
me muerde y una ráfaga
de aire como una ola
cristalina
se divide en mi pecho.
Dónde
están los pájaros?
Fué tal vez
ese
susurro en el follaje
o esa huidiza bola
de pardo terciopelo
o ese desplazamiento
de perfume? Esa hoja
que desprendió el canelo
fué un pájaro? Ese polvo
de magnolia irritada
o esa fruta
que cayó resonando,
eso fué un vuelo?
Oh pequeños cretinos
invisibles,
pájaros del demonio,

Luminous ease!
Invisible
wealth,
torrent
of music
in the leaves,
holy conversation!

Clean, washed, fresh
this day,
sounding
like a green zither –
I bury
my shoes
in the glebe,
leap over water holes,
a thorn
nicks me and gusts
of air like crystal
waves
break in my lungs.
Where
are the birds?
Perhaps
that murmuration in the leaves,
a fleeting ball
of reddish velvet
or sudden shift
of perfume? A bird
that leaf
lost by the cinnamon tree?
The brushed magnolia's dust
or fruit
bouncing to earth:
was that a flight?
Oh invisible
little cretins,

váyanse
al diablo
con su sonajera,
con sus plumas inútiles!
Yo que sólo quería
acariciarlos,
verlos resplandeciendo,
no quiero
en la vitrina
ver los relámpagos embalsamados,
quiero verlos vivientes,
quiero tocar sus guantes
de legítimo cuero,
que nunca olvidan en las ramas,
y conversar con ellos
en los hombros
aunque me dejen como a ciertas estatuas
inmerecidamente blanqueado.

Imposible.
No se tocan,
se oyen
como un celeste
susurro o movimiento,
conversan
con precisión,
repiten
sus observaciones,
se jactan
de cuanto hacen,
comentan
cuanto existe,
dominan
ciertas ciencias
como la hidrografía
y a ciencia cierta saben
dónde están cosechando
cereales.

birds of the devil,
off with you
to the devil
with your chimes,
your good-for-nothing plumage!
I who only wished
to caress them,
to see them shining,
I do not want
to see their lightning
locked in a cage;
I want to see them live,
to touch their gloves
of genuine hide
which they never forget among branches,
to talk with them
on my shoulders
though they leave me like a statue
unjustly whitewashed.

Impossible.
Not to be touched.
You can hear them
like a celestial
whisper or movement,
they talk
precisely,
repeating
their remarks,
bragging
of all they do,
footnoting
all existence;
they master
certain sciences
like hydrography
and they know for sure
exactly where we are
reaping the harvests.

Ahora bien,
pájaros
invisibles
de la selva, del bosque,
de la enramada pura,
pájaros de la acacia
y de la encina,
pájaros
locos, enamorados,
sorpresivos,
cantantes
vanidosos,
músicos migratorios,
una palabra
última
antes
de volver
con zapatos mojados, espinas
y hojas secas
a mi casa:
vagabundos,
os amo
libres,
lejos de la escopeta y de la jaula
corolas
fugitivas,
así
os amo,
inasibles,
solidaria y sonora
sociedad de la altura,
hojas
en libertad,
campeones
del aire,
pétalos
del humo,
libres,
alegres

Well now
invisible
birds
of jungle and forest,
of pure bowers,
acacia birds
and birds of evergreen,
mad,
lovesick birds,
surprising,
singing,
stuck-up
migrating musicos,
one last
word with you
before
I turn
with soaking shoes,
dry leaf and thorn,
back to my house:
vagabonds
the way I like you,
free,
far from gun and cage,
fugitive
corollas,
I love you
thus,
unattainable,
faithful and sonorous
society of heights,
leaves
on the loose,
stunt-riders
of the air,
petals
of smoke,
free,
happy,

voladores y cantores,
aéreos y terrestres,
navegantes del viento,
felices
constructores
de suavísimos nidos,
incesantes
mensajeros del polen,
casamenteros
de la flor, tíos
de la semilla,
os amo,
ingratos:
vuelvo
feliz de haber vivido con vosotros
un minuto
en el viento.

flyers and singers,
airfree and earthbound,
wind navigators,
happy
constructors
of the softest nests,
unwearying
pollen messengers,
matchmakers
to the flower,
uncles of seed,
I love you,
ungrateful ones:
go back
happy to have lived out with you
a moment
in the wind.

[N.T.]

Oda al Pájaro Sofré

Te enterré en el jardín:
una fosa
minúscula
como una mano abierta,
tierra
austral,
tierra fría
fué cubriendo
tu plumaje,
los rayos amarillos,
los relámpagos negros
de tu cuerpo apagado.
Del Matto Grosso,
de la fértil Goiania,
te enviaron
encerrado.
No podías.
Te fuiste.
En la jaula
con las pequeñas
patas tiesas,
como agarradas
a una rama invisible,
muerto,
un pobre atado
de plumas
extinguidas,
lejos
de los fuegos natales,
de la madre
espesura,
en tierra fría,

Ode to the Yellow Bird

I buried you in the garden:
a grave
minute
as an open hand,
southern
earth,
cold earth
went in covering
your plumage,
the yellow flashes,
the black lightnings
of your extinguished body.
From the Matto Grosso,
from fertile Goiania
they sent you,
shut in.
You couldn't stand it.
You went.
In the cage
with the small
feet stiff
as though clutching
an invisible branch,
dead,
a poor bunch
of extinguished
feathers
far
from the natal fires,
from the mother thicket,
far
in the cold earth.

lejos.
Ave
purísima,
te conocí viviente,
eléctrico,
agitado,
rumoroso,
una flecha
fragante
era tu cuerpo,
por mi brazo y mis hombros
anduviste
independiente, indómito,
negro de piedra negra
y polen amarillo.
Oh salvaje
hermosura,
la dirección erguida
de tus pasos,
en tus ojos
la chispa
del desafío, pero
así
como una flor es desafiante,
con la entereza
de una terrestre integridad, colmado
como un racimo, inquieto
como un descubridor,
seguro
de su débil arrogancia.

Hice mal, al otoño
que comienza
en mi patria,
a las hojas
que ahora desfallecen
y se caen,
al viento Sur, galvánico,
a los árboles duros, a las hojas

Bird
most pure,
I knew you alive,
electric,
excited,
murmurous,
a fragrant
arrow
your body was,
over my arm and my shoulders
you walked
independent, untamed,
blackness of black stone
and pollen yellow.
Oh savage
beauty,
the unbending direction
of your steps,
in your eyes
the spark
of defiance, but
as
a flower is defiant,
with the completeness
of a terrestrial integrity, overflowing
like a flowering branch, restless
as a discoverer,
sure of your frail arrogance.

Suffering, to the autumn
as it is beginning
in my country,
to the leaves
that are fading now
and falling,
to the galvanic wind of the South,
to the hard trees, to the leaves

que tú no conocías,
te traje,
hice viajar tu orgullo
a otro sol ceniciento
lejos del tuyo
quemante
como cítara escarlata,
y cuando
al aeródromo metálico
tu jaula
descendió,
ya no tenías
la majestad del viento,
ya estabas despojado
de la luz cenital que te cubría,
ya eras
una pluma de la muerte,
y luego,
en mi casa,
fué tu mirada última
a mi rostro, el reproche
de tu mirada indomable.
Entonces,
con las alas cerradas,
regresaste
a tu cielo,
al corazón extenso,
al fuego verde,
a la tierra encendida,
a las vertientes,
a las enredaderas,
a las frutas,
al aire, a las estrellas,
al sonido secreto
de los desconocidos manantiales,
a la humedad
de las fecundaciones en la selva,
regresaste
a tu origen,

that you did not know,
they brought you,
they made your pride travel
to an ashen sun
other
far from yours
that burns
like a scarlet zither,
and when
your cage
came down
on the metallic aerodrome,
you had already lost
the majesty of the wind,
were already despoiled
of the light from the zenith that had covered you,
already
you were a feather of death,
and then
in my house
your final look
at my face, the reproach
of your untamable regard.
Afterwards
with closed wings
you went back
to your sky,
to the spacious heart,
to the green fire,
to the slopes,
to the trailing vines,
to the fruits,
to the air, to the stars,
to the secret sound
of the unknown springs,
to the moisture
of the conceivings in the forest,
you went back
to your origin,

al fulgor amarillo,
al pecho oscuro,
a la tierra y al cielo de tu patria.

to the yellow flame,
to the dark breast,
to the earth and sky of your country.

[W.S.M.]

Oda a la Pereza

Ayer sentí que la oda
no subía del suelo.
Era hora, debía
por lo menos
mostrar una hoja verde.
Rasqué la tierra: 'Sube,
hermana oda
– le dije –,
te tengo prometida,
no me tengas miedo,
no voy a triturarte,
oda de cuatro hojas,
oda de cuatro manos,
tomarás té conmigo.
Sube,
te voy a coronar entre las odas,
saldremos juntos, por la orilla
del mar, en bicicleta'.
Fué inútil.

Entonces,
en lo alto de los pinos,
la pereza
apareció desnuda,
me llevó deslumbrado
y soñoliento,
me descubrió en la arena
pequeños trozos rotos
de sustancias oceánicas,
maderas, algas, piedras,
plumas de aves marinas.
Busqué sin encontrar
ágatas amarillas.

Ode to Laziness

Yesterday it seemed
the ode wouldn't leave the ground.
It was time, it should
at least show a green leaf.
I scratched the earth, 'Get up,
sister ode
— I said to her —
I've promised you,
don't be afraid of me,
I'm not going to chew you up,
ode with four leaves,
ode for four hands,
you'll take tea with me.
Rise,
I'll crown you among the odes,
we'll go out along the shore
of the sea, on a bicycle.'
No use.

Then
high up in the pines
laziness
appeared naked,
I got up in a daze,
half asleep,
on the sand I found
little broken fragments
of oceanic substances,
wood, seaweed, shells,
feathers of sea birds.
I looked for yellow
agates but found none.

El mar
llenaba los espacios
desmoronando torres,
invadiendo
las costas de mi patria,
avanzando
sucesivas catástrofes de espuma.
Sola en la arena
abría un rayo
una corola.
Vi cruzar los petreles plateados
y como cruces negras
los cormoranes
clavados en las rocas.
Liberté una abeja
que agonizaba en un velo de araña,
metí una piedrecita
en un bolsillo,
era suave, suavísima
como un pecho de pájaro,
mientras tanto en la costa,
toda la tarde,
lucharon sol y niebla.
A veces
la niebla se impregnaba
de luz
como un topacio,
otras veces caía
un rayo de sol húmedo
dejando caer gotas amarillas.

En la noche,
pensando en los deberes de mi oda
fugitiva,
me saqué los zapatos
junto al fuego,
resbaló arena de ellos
y pronto fuí quedándome
dormido.

The sea
filled the spaces,
wearing away towers,
invading
the coasts of my homeland,
pushing forward
successive catastrophes of foam.
Alone on the sand
a ray opened
a ring of petals.
I saw the silvered petrels
pass, and like black crosses
the cormorants
nailed to the rocks.
I set free
a bee dying in a spider's web,
I put a little stone
in my pocket,
it was smooth, very smooth,
like a bird's egg,
meanwhile on the coast
all afternoon
the sunlight and cloud wrestled.
Sometimes
the cloud was filled
with light
like a topaz,
other times a moist
ray of sunlight fell,
and yellow drops fell after it.

At night
thinking of the duties of my
fugitive ode,
I took off my shoes
by the fire,
poured the sand out of them
and almost at once fell
sound asleep.   [W.S.M.]

Oda a un Reloj en la Noche

En la noche, en tu mano
brilló como luciérnaga
mi reloj.
Oí
su cuerda:
como un susurro seco
salía
de tu mano invisible.
Tu mano entonces
volvió a mi pecho oscuro
a recoger mi sueño y su latido.

El reloj
siguió cortando el tiempo
con su pequeña sierra.
Como en un bosque
caen
fragmentos de madera,
mínimas gotas, trozos
de ramajes o nidos,
sin que cambie el silencio,
sin que la fresca oscuridad termine,
así
siguió el reloj cortando
desde tu mano invisible,
tiempo, tiempo,
y cayeron
minutos como hojas,
fibras de tiempo roto,
pequeñas plumas negras.

Ode to a Watch at Night

At night, in your hand
my watch shone
like a firefly.
I heard
its ticking:
like a dry rustling
coming
from your invisible hand.
Then your hand
went back to my dark breast
to gather my sleep and its beat.

The watch
went on cutting time
with its little saw.
As in a forest
fragments
of wood fell,
little drops, pieces
of branches or nests
without the silence changing,
without the cool darkness ending,
so
the watch went on cutting
from its invisible hand
time, time,
and minutes
fell like leaves,
fibres of broken time,
little black feathers.

Como en el bosque
olíamos raíces,
el agua en algún sitio desprendía
una gotera gruesa
como uva mojada.
Un pequeño molino
molía noche,
la sombra susurraba
cayendo de tu mano
y llenaba la tierra.
Polvo,
tierra, distancia
molía y molía
mi reloj en la noche,
desde tu mano.

Yo puse
mi brazo
bajo tu cuello invisible
bajo su peso tibio,
y en mi mano
cayó el tiempo,
la noche,
pequeños ruidos
de madera y de bosque,
de noche dividida,
de fragmentos de sombra,
de agua que cae y cae:
entonces
cayó el sueño
desde el reloj y desde
tus dos manos dormidas,
cayó como agua oscura
de los bosques,
del reloj
a tu cuerpo,
de ti hacia los países,
agua oscura,
tiempo que cae

As in the forest
we smelled roots,
the water somewhere released
a fat plopping
as of wet grapes.
A little mill
milled night,
the shadow whispered
falling from your hand
and filled the earth.
Dust,
earth, distance,
my watch in the night
ground and ground
from your hand.

I placed
my arm
under your invisible neck,
under its warm weight,
and in my hand
time fell,
the night,
little noises
of wood and of forest,
of divided night,
of fragments of shadow,
of water that falls and falls:
then
sleep fell
from the watch and from
both your sleeping hands,
it fell like a dark water
from the forests,
from the watch
to your body,
out of you it made the nations,
dark water,
time that falls

y corre
adentro de nosotros.

Y así fué aquella noche,
sombra y espacio, tierra
y tiempo,
algo que corre y cae
y pasa.

Y así todas las noches
van por la tierra,
no dejan sino un vago
aroma negro,
cae una hoja,
una gota
en la tierra
apaga su sonido,
duerme el bosque, las aguas,
las praderas,
las campanas,
los ojos.

Te oigo y respiras,
amor mío,
dormimos.

and runs
inside us.

And that was the way it was that night,
shadow and space, earth
and time,
something that runs and falls
and passes.

And that is the way all the nights
go over the earth,
leaving nothing but a vague
black odour, a leaf falls,
a drop
on the earth,
its sound stops,
the forest sleeps, the waters,
the meadows,
the fields,
the eyes.

I hear you and breathe,
my love,
we sleep.

[W.S.M.]

Oda al Tomate

La calle
se llenó de tomates,
mediodía,
verano,
la luz
se parte
en dos
mitades
de tomate,
corre
por las calles
el jugo.
En diciembre
se desata
el tomate,
invade
las cocinas,
entra por los almuerzos
se sienta
reposado
en los aparadores,
entre los vasos,
las mantequilleras,
los saleros azules.
Tiene
luz propia,
majestad benigna.
Debemos, por desgracia,
asesinarlo:
se hunde
el cuchillo
en su pulpa viviente,

Ode to the Tomato

The street
drowns in tomatoes:
noon,
summer,
light
breaks
in two
tomato
halves,
and the streets
run
with juice.
In December
the tomato
cuts loose,
invades
kitchens,
takes over lunches,
settles
at rest
on sideboards,
with the glasses,
butter dishes,
blue salt-cellars.
It has
its own radiance,
a goodly majesty.
Too bad we must
assassinate:
a knife
plunges
into its living pulp,

es una roja
víscera,
un sol
fresco,
profundo,
inagotable,
llena las ensaladas
de Chile,
se casa alegremente
con la clara cebolla,
y para celebrarlo
se deja
caer
aceite,
hijo
esencial del olivo,
sobre sus hemisferios entreabiertos,
agrega
la pimienta
su fragancia,
la sal su magnetismo:
son las bodas
del día,
el perejil
levanta
banderines,
las papas
hierven vigorosamente,
el asado
golpea
con su aroma
en la puerta,
es hora!
vamos!
y sobre
la mesa, en la cintura
del verano,
el tomate,
astro de tierra,

red
viscera,
a fresh,
deep,
inexhaustible
sun
floods the salads
of Chile,
beds cheerfully
with the blonde onion,
and to celebrate
oil
the filial essence
of the olive tree
lets itself fall
over its gaping hemispheres,
the pimento
adds
its fragrance,
salt its magnetism —
we have the day's
wedding:
parsley
flaunts
its little flags,
potatoes
thump to a boil,
the roasts
beat
down the door
with their aromas:
it's time!
let's go!
and upon
the table,
belted by summer,
tomatoes,
stars of the earth,
stars multiplied

estrella
repetida
y fecunda,
nos muestra
sus circunvoluciones,
sus canales,
la insigne plenitud
y la abundancia
sin hueso,
sin coraza,
sin escamas ni espinas,
nos entrega
el regalo
de su color fogoso
y la totalidad de su frescura.

and fertile
show off
their convolutions,
canals
and plenitudes
and the abundance
boneless,
without husk,
or scale or thorn,
grant us
the festival
of ardent colour
and all-embracing freshness.

[N.T.]

Oda a la Tormenta

Anoche
vino
ella,
rabiosa,
azul, color de noche,
roja, color de vino,
la tempestad
trajo
su cabellera de agua,
ojos de frío fuego,
anoche quiso
dormir sobre la tierra.
Llegó de pronto
recién desenrollada
desde su astro furioso,
desde su cueva celeste,
quería dormir
y preparó su cama,
barrió selvas, caminos,
barrió montes,
lavó piedras de océano,
y entonces
como si fueran plumas
removió los pinares
para hacerse su cama.
Sacó relámpagos
de su saco de fuego,
dejó caer los truenos
como grandes barriles.
De pronto
fué silencio:
una hoja

Ode to the Storm

Last night
she
came,
livid,
night-blue,
wine-red:
the tempest
with her
hair of water,
eyes of cold fire —
last night she wanted
to sleep on earth.
She came all of a sudden
newly unleashed
out of her furious planet,
her cavern in the sky;
she longed for sleep
and made her bed:
sweeping jungles and highways,
sweeping mountains,
washing ocean stones,
and then
as if they were feathers,
ravaging pine trees
to make her bed.
She shook the lightning
from her quiver of fire,
dropped thunderclaps
like great barrels.
All of a sudden
there was silence:
a single leaf

iba sola en el aire,
como un violín volante,
entonces,
antes
de que llegara al suelo,
tempestad, en tus manos
la tomaste,
pusiste todo el viento
a soplar su bocina,
la noche entera
a andar con sus caballos,
todo el hielo a silbar,
los árboles
salvajes
a expresar la desdicha
de los encadenados,
la tierra
a gemir como madre
pariendo,
de un solo soplo
escondiste
el rumor de la hierba
o las estrellas,
rompiste
como un lienzo
el silencio inactivo,
se llenó el mundo
de orquesta y furia y fuego,
y cuando los relámpagos
caían como cabellos
de tu frente fosfórica,
caían como espadas
de tu cintura guerrera,
y cuando ya creíamos
que terminaba el mundo,
entonces,
lluvia,
lluvia,
sólo

gliding on air
like a flying violin –
then,
before
it touched the earth,
you took it
in your hands, great storm,
put all the winds to work
blowing their horns,
set the whole night
galloping with its horses,
all the ice whistling,
the wild
trees
groaning in misery
like prisoners,
the earth
moaning, a woman
giving birth,
in a single blow
you blotted out
the noise of grass
or stars,
tore
the numbed silence
like a handkerchief –
the world filled
with sound, fury and fire,
and when the lightning flashes
fell like hair
from your shining forehead,
fell like swords
from your warrior's belt
and when we were about to think
that the world was ending,
then,
rain,
rain,
only

lluvia,
toda la tierra, todo
el cielo
reposaban,
la noche
se desangró cayendo
sobre el sueño del hombre,
sólo lluvia,
agua
del tiempo y del cielo:
nada había caído,
sino una rama rota,
un nido abandonado.

Con tus dedos
de música,
con tu fragor de infierno,
con tu fuego
de volcanes nocturnos,
jugaste
levantando una hoja,
diste fuerza a los ríos,
enseñaste
a ser hombres
a los hombres,
a temer a los débiles,
a llorar a los dulces,
a estremecerse
a las ventanas,
pero,
cuando
ibas a destruirnos, cuando
como cuchilla
bajaba del cielo la furia,
cuando temblaba
toda la luz y la sombra
y se mordían los pinos
aullando
junto al mar en tinieblas,

rain,
all earth, all
sky,
at rest,
the night
fell, bleeding to death
on human sleep,
nothing but rain,
water
of time and sky:
nothing had fallen
except a broken branch,
an empty nest.

With your musical
fingers,
with your hell-roar,
your fire
of volcanoes at night,
you played
at lifting a leaf,
gave strength to rivers,
taught
men
to be men,
the weak to fear,
the tender to cry,
the windows
to rattle –
but
when
you prepared to destroy us, when
like a dagger
fury fell from the sky,
when all the light
and shadow trembled
and the pines devoured
themselves howling
on the edge of the midnight sea,

tu, delicada,
tempestad, novia mía,
furiosa,
no nos hiciste daño:
regresaste
a tu estrella
y lluvia,
lluvia verde,
lluvia llena
de sueños y de gérmenes,
lluvia
preparadora
de cosechas,
lluvia que lava el mundo,
lo enjuga
y lo recrea,
lluvia para nosotros
y para las semillas,
lluvia
para el olvido
de los muertos
y para
nuestro pan de mañana,
eso sólo
dejaste,
agua y música,
por eso,
tempestad,
te amo,
cuenta conmigo,
vuelve,
despiértame,
ilumíname,
muéstrame tu camino
para que a ti se junte y cante con tu canto
la decidida voz
tempestuosa de un hombre.

you, delicate storm,
my betrothed,
wild as you were,
did us no wrong:
but returned
to your star
and rain,
green rain,
rain full
of dreams and seeds,
mother
of harvests
rain,
world-washing rain,
draining it,
making it new,
rain for us men
and for the seeds,
rain
for the forgetting
of the dead
and for
tomorrow's bread —
only the rain
you left behind,
water and music,
for this,
I love you
storm,
reckon with me,
come back,
wake me up,
illuminate me,
show me your path
so that the chosen voice,
the stormy voice of a man
may join and sing your song with you.

[N.T.]

Oda al Traje

Cada mañana esperas,
traje, sobre una silla
que te llene
mi vanidad, mi amor,
mi esperanza, mi cuerpo.
Apenas
salgo del sueño,
me despido del agua,
entro en tus mangas,
mis piernas buscan
el hueco de tus piernas
y así abrazado
por tu fidelidad infatigable
salgo a pisar el pasto,
entro en la poesía,
miro por las ventanas,
las cosas,
los hombres, las mujeres,
los hechos y las luchas
me van formando,
me van haciendo frente
labrándome las manos,
abriéndome los ojos,
gastándome la boca
y así,
traje,
yo también voy formándote,
sacándote los codos,
rompiéndote los hilos,
y así tu vida crece
a imagen de mi vida.
Al viento

Ode to the Clothes

Every morning you wait,
clothes, over a chair,
for my vanity,
my love,
my hope, my body
to fill you,
I have scarcely
left sleep,
I say goodbye to the water
and enter your sleeves,
my legs look for
the hollow of your legs,
and thus embraced
by your unwearying fidelity
I go out to tread the fodder,
I move into poetry,
I look through windows,
at things,
men, women,
actions and struggles
keep making me what I am,
opposing me,
employing my hands,
opening my eyes,
putting taste in my mouth,
and thus,
clothes,
I make you what you are,
pushing out your elbows,
bursting the seams,
and so your life swells
the image of my life.

ondulas y resuenas
como si fueras mi alma,
en los malos minutos
te adhieres
a mis huesos
vacío, por la noche
la oscuridad, el sueño
pueblan con sus fantasmas
tus alas y las mías.
Yo pregunto
si un día
una bala
del enemigo
te dejara una mancha de mi sangre
y entonces
morirías conmigo
o tal vez
no sea todo
tan dramático
sino simple,
y te irás enfermando,
traje,
conmigo,
envejeciendo
conmigo, con mi cuerpo
y juntos
entraremos
a la tierra.
Por eso
cada día
te saludo
con reverencia y luego
me abrazas y te olvido,
porque uno solo somos
y seguiremos siendo
frente al viento, en la noche,
las calles o la lucha
un solo cuerpo
tal vez, tal vez, alguna vez inmóvil.

You billow
and resound in the wind
as though you were my soul,
at bad moments
you cling
to my bones
empty, at night
the dark, sleep,
people with their phantoms
your wings and mine.
I ask
whether one day
a bullet
from the enemy
will stain you with my blood
and then
you will die with me
or perhaps
it may not be
so dramatic
but simple,
and you will sicken gradually,
clothes,
with me, with my body
and together
we will enter
the earth.
At the thought of this
every day
I greet you
with reverence, and then
you embrace me and I forget you
because we are one
and will go on facing
the wind together, at night,
the streets or the struggle,
one body,
maybe, maybe, one day motionless.

[W.S.M.]

Oda a César Vallejo

A la piedra en tu rostro,
Vallejo,
a las arrugas
de las áridas sierras
yo recuerdo en mi canto,
tu frente
gigantesca
sobre tu cuerpo frágil,
el crepúsculo negro
en tus ojos
recién desenterrados,
días aquellos,
bruscos,
desiguales,
cada hora tenía
ácidos diferentes
o ternuras
remotas,
las llaves
de la vida
temblaban
en la luz polvorienta
de la calle,
tú volvías
de un viaje
lento, bajo la tierra,
y en la altura
de las cicatrizadas cordilleras
yo golpeaba las puertas,
que se abrieran
los muros,
que se desenrollaran

Ode to Cesar Vallejo

To the stone in your face,
Vallejo,
to the wrinkles
of the arid mountain chains
I recall in my song,
your enormous
forehead
above your frail body,
the black twilight
in your eyes
newly unburied,
those days
craggy,
steep,
every hour had
different acids
or remote
tendernesses,
the keys
of life
trembled
in the dusty light
of the street,
you came back
from a slow
journey, under the earth,
and high
in the scarred ranges
I went beating on doors,
let the walls
open,
let the roads

los caminos,
recién llegado de Valparaíso
me embarcaba en Marsella,
la tierra
se cortaba
como un limón fragante
en frescos hemisferios amarillos,
tú
te quedabas
allí, sujeto
a nada,
con tu vida
y tu muerte,
con tu arena
cayendo,
midiéndote
y vaciándote,
en el aire,
en el humo,
en las callejas rotas
del invierno.

Era en París, vivías
en los descalabrados
hoteles de los pobres.
España
se desangraba.
Acudíamos.
Y luego
te quedaste
otra vez en el humo
y así cuando
ya no fuiste, de pronto,
no fué la tierra
de las cicatrices,
no fué
la piedra andina
la que tuvo tus huesos,

unroll,
just in from Valparaiso
I embarked at Marseille,
the earth
was sliced open
like a fragrant lemon
in cool yellow hemispheres,
you
remained
there, subject
to nothing,
with your life
and your death,
with your sand
falling,
measuring you
and emptying you,
in the air,
in the smoke,
in the broken lanes
of the winter.

You were in Paris, living
in the punch-drunk
hotels of the poor.
Spain
was being bled.
We went.
And once again
that time
you stayed
in the smoke
so that when
you were no longer, suddenly
it was not the earth
of the scars,
it was not
the Andean stone
that held your bones

sino el humo,
la escarcha
de París en invierno.

Dos veces desterrado,
hermano mío,
de la tierra y el aire,
de la vida y la muerte,
desterrado
del Perú, de tus ríos,
ausente
de tu arcilla.
No me faltaste en vida,
sino en muerte.
Te busco
gota a gota,
polvo a polvo,
en tu tierra,
amarillo
es tu rostro,
escarpado
en tu rostro,
estás lleno
de viejas pedrerías,
de vasijas
quebradas,
subo
las antiguas
escalinatas,
tal vez
estés perdido,
enredado
entre los hilos de oro,
cubierto
de turquesas,
silencioso,
o tal vez
en tu pueblo,
en tu raza,

but the smoke,
the frost
of the Paris winter.

Twice exiled,
my brother,
from the earth and the air
from life and death,
exiled
from Peru, from your rivers,
absent
from your heavy soil.
I never missed you in life.
Dead, I do.
I look for you
drop by drop,
in the earth,
yellow
your face is,
like a cliff
your face,
you are filled
with old jewels,
with broken
jars,
I climb
the ancient
platforms,
maybe
you are lost,
netted
in the gold threads,
covered
with turquoises,
silent,
or maybe
in your own town,
in your own race,

grano
de maíz extendido,
semilla
de bandera.
Tal vez, tal vez ahora
transmigres
y regreses,
vienes
al fin
de viaje,
de manera
que un día
te verás en el centro
de tu patria,
insurrecto,
viviente,
cristal de tu cristal, fuego en tu fuego,
rayo de piedra púrpura.

grain
of corn stretched out,
seed
of flag.
Maybe, maybe now
you are transmigrating,
and you are returning,
you are coming
to the end
of the journey,
so that one day
you will be seen in the centre
of your homeland,
rebellious,
alive,
crystal of your crystal, fire in your fire,
flash of purple stone.

[W.S.M.]

From
Nuevas Odas Elementales
(1956)

Oda a la Bella Desnuda

Con casto corazón, con ojos
puros,
te celebro, belleza,
reteniendo la sangre
para que surja y siga
la línea, tu contorno,
para
que te acuestes en mi oda
como en tierra de bosques o en espuma:
en aroma terrestre
o en música marina.

Bella desnuda,
igual
tus pies arqueados
por un antiguo golpe
del viento o del sonido
que tus orejas,
caracolas mínimas
del espléndido mar americano.
Iguales son tus pechos
de paralela plenitud, colmados
por la luz de la vida,
iguales son
volando
tus párpados de trigo
que descubren
o cierran
dos países profundos en tus ojos.

Ode to a Beautiful Nude

With a chaste heart,
with pure eyes,
I celebrate your beauty
holding the leash of blood
so that it might leap out
and trace your outline
where
you lie down in my ode
as in a land of forests, or in surf:
in aromatic loam
or in sea-music.

Beautiful nude:
equally beautiful
your feet
arched by primeval tap
of wind or sound;
your ears
small shells
of the splendid American sea;
your breasts
of level plenitude full-
filled by living light;
your flying
eyelids of wheat
revealing
or enclosing
the two deep countries of your eyes.

La línea que tu espalda
ha dividido
en pálidas regiones
se pierde y surge
en dos tersas mitades
de manzana
y sigue separando
tu hermosura
en dos columnas
de oro quemado, de alabastro fino,
a perderse en tus pies como en dos uvas,
desde donde otra vez arde y se eleva
el árbol doble de tu simetría,
fuego florido, candelabro abierto,
turgente fruta erguida
sobre el pacto del mar y de la tierra.

Tu cuerpo, en qué materia,
ágata, cuarzo, trigo,
se plasmó, fué subiendo
como el pan se levanta
de la temperatura,
y señaló colinas
plateadas,
valles de un solo pétalo, dulzuras
de profundo terciopelo,
hasta quedar cuajada
la fina y firme forma femenina?

No sólo es luz que cae
sobre el mundo
la que alarga en tu cuerpo
su nieve sofocada,
sino que se desprende
de ti la claridad como si fueras
encendida por dentro.

Debajo de tu piel vive la luna.

The line your shoulders
have divided
into pale regions
loses itself and blends
into the compact halves
of an apple,
continues separating
your beauty down
into two columns
of burnished gold, fine alabaster,
to sink into the two grapes of your feet,
where your twin symmetrical tree
burns again and rises:
flowering fire, open chandelier,
a swelling fruit
over the pact of sea and earth.

From what materials —
agate, quartz, wheat —
did your body come together,
swelling like baking bread
to signal silvered
hills,
the cleavage of one petal,
sweet fruits of a deep velvet,
until alone remained,
astonished,
the fine and firm feminine form?

It is not only light that falls
over the world,
spreading inside your body
its suffocated snow,
so much as clarity
taking its leave of you
as if you were
on fire within.

The moon lives in the lining of your skin.   [N.T.]

From
Estravagario
(1958)

Y Cuánto Vive?

Cúanto vive el hombre, por fin?

Vive mil días o uno solo?

Una semana a varios siglos?

Por cúanto tiempo muere el hombre?

Qué quiere decir 'Para Siempre'?

Preocupado por este asunto
me dediqué a aclarar las cosas.

Busqué a los sabios sacerdotes,
los esperé después del rito,
los aceché cuando salían
a visitar a Dios y al Diablo.

Se aburrieron con mis preguntas.
Ellos tampoco sabían mucho,
eran sólo administradores.

Los médicos me recibieron,
entre una consulta y otra,
con un bisturí en cada mano,
saturados de aureomicina,
más ocupados cada día.
Según supe por lo que hablaban
el problema era como sigue:
nunca murió tanto microbio,
toneladas de ellos caían,
pero los pocos que quedaron
se manifestaban perversos.

And How Long?

How much does a man live, after all?

Does he live a thousand days, or one only?

For a week, or for several centuries?

How long does a man spend dying?

What does it mean to say 'for ever'?

Lost in this preoccupation,
I set myself to clear things up.

I sought out knowledgeable priests,
I waited for them after their rituals,
I watched them when they went their ways
to visit God and the Devil.

They wearied of my questions.
They on their part knew very little.
They were no more than administrators.

Medical men received me
in between consultations,
a scalpel in each hand,
saturated in aureomycin,
busier each day.
As far as I could tell from their talk,
the problem was as follows:
it was not so much the death of a microbe –
they went down by the ton,
but the few which survived
showed signs of perversity.

Me dejaron tan asustado
que busqué a los enterradores.
Me fuí a los ríos donde queman
grandes cadáveres pintados,
pequeños muertos huesudos,
emperadores recubiertos
por escamas aterradoras,
mujeres aplastadas de pronto
por una ráfaga de cólera.
Eran riberas de difuntos
y especialistas cenicientos.

Cuando llegó mi oportunidad
les largué unas cuantas preguntas
ellos me ofrecieron quemarme:
era todo lo que sabían.

En mi país los enterradores
me contestaron, entre copas:
— 'Búscate una moza robusta,
y déjate de tonterías.'

Nunca vi gentes tan alegres.

Cantaban levantando el vino
por la salud y por la muerte.
Eran grandes fornicadores.

Regresé a mi casa más viejo
después de recorrer el mundo.

No le pregunto a nadie nada.

Pero sé cada día menos.

They left me so startled
that I sought out the grave-diggers.
I went to the rivers where they burn
enormous painted corpses,
tiny bony bodies,
emperors with an aura
of terrible curses,
women snuffed out at a stroke
by a wave of cholera.
There were whole beaches of dead
and ashy specialists.

When I got the chance
I asked them a slew of questions.
They offered to burn me.
It was all they knew.

In my own country the dead
answered me, between drinks:
'Get yourself a good woman
and give up this nonsense.'

I never saw people so happy.

Raising their glasses they sang
toasting health and death.
They were huge fornicators.

I returned home, much older
after crossing the world.

Now I ask questions of nobody.

But I know less every day.

[A.R.]

Fábula de la Sirena y los Borrachos

Todos estos señoras estaban dentro
cuando ella entró completamente desnuda
ellos habían bebido y comenzaron a escupirla
ella no entendía nada recién salía del rio
era una sirena que se habia extraviado
los insultos corrían sobre su carne lisa
la inmundicia cubrió sus pechos de oro
ella no sabía llorar por eso no lloraba
no sabía vestirse por eso no se vestía
la tatuaron con cigarrillos y con corchos quemados
y reían hasta caer al suelo de la taberna
ella no hablaba porque no sabía hablar
sus ojos eran color de amor distante
sus brazos construídos de topacios gemelos
sus labios se cortaron en la luz del coral
y de pronto salió por esa puerta
apenas entró al rio quedó limpia
relució como una piedra blanca en la lluvia
y sin mirar atrás nadó de nuevo
nadó hacia nunca más hacia morir.

Fable of the Mermaid and the Drunks

All these fellows were there inside
when she entered, utterly naked.
They had been drinking, and began to spit at her.
Recently come from the river, she understood nothing.
She was a mermaid who had lost her way.
The taunts flowed over her glistening flesh.
Obscenities drenched her golden breasts.
A stranger to tears, she did not weep.
A stranger to clothes, she did not dress.
They pocked her with cigarette ends and with burnt corks,
and rolled on the tavern floor in raucous laughter.
She did not speak, since speech was unknown to her.
Her eyes were the colour of faraway love,
her arms were matching topazes.
Her lips moved soundlessly in coral light,
and ultimately, she left by that door.
Hardly had she entered the river than she was cleansed,
gleaming once more like a white stone in the rain;
and without a backward look, she swam once more,
swam towards nothingness, swam to her dying.

[A.R.]

El Miedo

Todos me piden que dé saltos,
que tonifique y que futbole,
que cerra, que nade y que vuele.
Muy bien.

Todos me aconsejan reposo,
todos me destinan doctores,
mirándome de cierta manera.
Qué pasa?

Todos me aconsejan que viaje,
que entre y que salga, que no viaje,
que me muera y que no me muera.
No importa.

Todos ven las dificultades
de mis vísceras sorprendidas
por radioterribles retratos.
No estoy de acuerdo.

Todos pican mi poesía
con invencibles tenedores
buscando, sin duda, una mosca.
Tengo miedo.

Tengo miedo de todo el mundo,
del agua fría, de la muerte.
Soy como todos los mortales,
inaplazable.

Fear

Everyone is after me to jump through hoops,
whoop it up, play football,
rush about, even go swimming and flying.
Fair enough.

Everyone is after me to take it easy.
They all make doctor's appointments for me,
eyeing me in that quizzical way.
What is going on?

Everyone is after me to take a trip,
to come in, to leave, not to travel,
to die and, alternatively, not to die.
It does not matter.

Everyone is spotting oddnesses
in my innards, suddenly shocked
by radio-awful diagrams.
I do not agree.

Everyone is picking at my poetry
with their relentless knives and forks,
trying, no doubt, to find a fly.
I am afraid.

I am afraid of the whole world,
afraid of cold water, afraid of death.
I am as all mortals are,
unable to be patient.

Por eso en estos cortos días
no voy a tomarlos en cuenta,
voy a abrirme y voy a encerrarme
con mi más pérfido enemigo,
Pablo Neruda.

And so, in these brief, passing days,
I shall not take them into account.
I shall open up and closet myself
with my most treacherous enemy,
Pablo Neruda.

[A.R.]

Muchos Somos

De tantos hombres que soy, que somos
no puedo encontrar a ninguno:
se me pierden bajo la ropa,
se fueron a otra ciudad.

Cuando todo está preparado
para mostrarme inteligente
el tonto que llevo escondido
se toma la palabra en mi boca.

Otras veces me duermo en medio
de la sociedad distinguida
y cuando busco en mí al valiente
un cobarde que no conozco
corre a tomar con mi esqueleto
mil deliciosas precauciones.

Cuando arde una casa estimada
en vez del bombero que llamo
se precipita el incendiario
y ése soy yo. No tengo arreglo.
Qué debo hacer para escogerme?
Cómo puedo rehabilitarme?

Todos los libros que leo
celebran héroes refulgentes
siempre seguros de sí mismos
me muero de envidia por ellos,
y en los films de vientos y balas
me quedo envidiando al jinete,
me quedo admirando al caballo.

We are Many

Of the many men whom I am, whom we are,
I cannot settle on a single one.
They are lost to me under the cover of clothing.
They have departed for another city.

When everything seems to be set
to show me off as a man of intelligence,
the fool I keep concealed in my person
takes over my talk and occupies my mouth.

On other occasions, I am dozing in the midst
of people of some distinction,
and when I summon my courageous self,
a coward completely unknown to me
swaddles my poor skeleton
in a thousand tiny reservations.

When a stately home bursts into flames,
instead of the fireman I summon,
an arsonist bursts on the scene,
and he is I. There is nothing I can do.
What must I do to single out myself?
How can I put myself together?

All the books I read
lionize dazzling hero figures,
always brimming with self-assurance.
I die with envy of them;
and, in films where bullets fly on the wind,
I am left in envy of the cowboys,
left admiring even the horses.

Pero cuando pido al intrépido
me sale el viejo perezoso,
y así yo no sé quién soy,
no sé cuántos soy o seremos.
Me gustaría tocar un timbre
y sacar el mí verdadero
porque si yo me necesito.
no debo desaparecerme.

Mientras escribo estoy ausente
y cuando vuelvo ya he partido:
voy a ver si a las otras gentes
les pasa lo que a mí me pasa,
si son tantos como soy yo,
si se parecen a sí mismos
y cuando lo haya averiguado
voy a aprender tan bien las cosas
que para explicar mis problemas
le hablaré de geografía.

But when I call upon my dashing being,
out comes the same old lazy self,
and so I never know just who I am,
nor how many I am, nor who we will be being.
I would like to be able to touch a bell
and call up my real self, the truly me,
because if I really need my proper self,
I must not allow myself to disappear.

While I am writing, I am far away;
and when I come back, I have already left.
I should like to see if the same thing happens
to other people as it does to me,
to see if as many people are as I am,
and if they seem the same way to themselves.
When this problem has been thoroughly explored,
I am going to school myself so well in things
that, when I try to explain my problems,
I shall speak, not of self, but of geography.

[A.R.]

Demasiados Nombres

Se enreda el lunes con el martes
y la semana con el año:
no se puede cortar el tiempo
con tus tijeras fatigadas,
y todos los nombres del día
los borra el agua de la noche.

Nadie puede llamarse Pedro,
ninguna es Rosa ni María,
todos somos polvo o arena,
todos somos lluvia en la lluvia.
Me han hablado de Venezuelas,
de Paraguayes y de Chiles,
no sé de lo que están hablando:
conozco la piel de la tierra
y sé que no tiene apellido.

Cuando viví con las raíces
me gustaron más que las flores,
y cuando hablé con una piedra
sonaba como una campana.

Es tan larga la primavera
que dura todo el invierno:
el tiempo perdió los zapatos:
un año tiene cuatro siglos.

Cuando duermo todas las noches,
cómo me llamo o no me llamo?
Y cuando me despierto quién soy
si no era yo cuando dormía?

Too Many Names

Mondays are meshed with Tuesdays
and the week with the whole year.
Time cannot be cut
with your weary scissors,
and all the names of the day
are washed out by the waters of night.

No one can claim the name of Pedro,
nobody is Rosa or Maria,
all of us are dust or sand,
all of us are rain under rain.
They have spoken to me of Venezuelas,
of Chiles and of Paraguays;
I have no idea what they are saying.
I know only the skin of the earth
and I know it is without a name.

When I lived amongst the roots
they pleased me more than flowers did,
and when I spoke to a stone
it rang like a bell.

It is so long, the spring
which goes on all winter.
Time lost its shoes.
A year is four centuries.

When I sleep every night,
what am I called or not called?
And when I wake, who am I
if I was not I while I slept?

[A.R.]

Esto quiere decir que apenas
desembarcamos en la vida,
que venimos recién naciendo,
que no nos llenemos la boca
con tantos nombres inseguros,
con tantas etiquetas tristes,
son tantas letras rimbombantes,
con tanto tuyo y tanto mío,
con tanta firma en los papeles.

Yo pienso confundir las cosas,
unirlas y recién nacerlas,
entreverarlas, desvestirlas,
hasta que la luz del mundo
tenga la unidad del océano,
una integridad generosa,
una fragancia crepitante.

This means to say that scarcely
have we landed into life
than we come as if new-born;
let us not fill our mouths
with so many faltering names,
with so many sad formalities,
with so many pompous letters,
with so much of yours and mine,
with so much signing of papers.

I have a mind to confuse things,
unite them, bring them to birth,
mix them up, undress them,
until the light of the world
has the oneness of the ocean,
a generous, vast wholeness,
a crepitant fragrance.

[A.R.]

Furiosa Lucha de Marinos Con Pulpo de Colosales Dimensiones

I

LA LLEGADA
A VALPARAÍSO

Los navegantes que volvieron
de combatir con el octopus
luego ya no se acostumbraron:
no querían andar en tren,
le tenían miedo a los rieles,
vivían buscando ventosas
en el aro de los neumáticos,
entre las piernas y los árboles.
Le tenían miedo a la luna!

Vivían tristes encogiéndose
entre tabernas y barriles,
las barbas negras crecían
simultáneas, incontrolables,
y ellos debajo de sus barbas
eran cada vez más hostiles
como si el animal remoto
los hubiera llenado de agua.

Los encontré en Valparaíso
enredados en sus cabellos,
arañosos, indelicados,
y parecían ofendidos
no por el monstruo del océano,
sino por los cigarrillos,
por las vagas conversaciones,
por las bebidas transparentes.

Furious Struggle Between Seamen and an Octopus of Colossal Size

I

The sailors who came back
from battling with the octopus
have still not taken it in –
they would not travel by train,
they were afraid of the rails,
they lived in fear of suckers
on the rims of rubber tyres,
amongst legs and trees.
They were afraid of the moon!

They lived in gloom, cringing
round taverns and barrels,
their black beards grew
at will, beyond control,
and they behind their beards
were every time more hostile
as if the remote creature
had filled them up with water.

I met them in Valparaiso,
tangled in their hair,
itching, indelicate,
and they seemed offended
not by the great sea monster
but by cigarettes,
by vague conversations,
by glassy-looking drinks.

Leían diarios increíbles,
'El Mercurio', 'El Diario Ilustrado',
periódicos prostibulantes
con fotografías de diosas
de fascinadores ombligos,
pero ellos leían más lejos,
lo que no volverá a pasar,
lo que ya no sucede más:
las batallas del cefalópodo
que se nutre de balleneros,
y como no se mencionaban
estos asuntos en el diario
escupían furiosamente
y se estremecían de olvido.

II

EL COMBATE

En el mar dormía el velero
entre los dientes de la noche,
roncaban los duros muchachos
condecorados por la luna
y el cachalote desangrándose
llevaba clavado el orgullo
por las latitudes del agua.

El hombre despertó con ocho
escalofríos pestilentes,
ocho mangueras del abismo,
ocho vísceras del silencio,
y tambaleó el puro navío,
se derribó su firmamento:
un gran marisco lo envolvió
como en una mano gigante
y entró en el sueño del marino
un regimiento de ventosas.

La lucha fué desenfrenada
y tales proporciones tuvo
que los mástiles se quebraron:

They read improbable dailies,
Mercurio, Diario Ilustrado,
and sexy magazines
with photographs of goddesses
with fascinating navels,
but they were far away, reading
what will not happen again,
what does not happen twice –
the wars with the cephalopod
which feeds on whaling men,
and since in the daily papers
these things were not reported,
they spat in a fury
and shook at such forgetting.

II

THE FIGHT

At sea the sailing boat slept
in the teeth of the night,
the rough sailors snored,
illumined by the moon
and the whale, losing blood,
carried its speared pride
through latitudes of water.

The man awoke to the touch
of eight cold horrors,
eight hosepipes from the deep,
eight tentacles from the silence,
and the proud ship shuddered,
its skyscape tumbled –
a great sea creature gripped it
like a giant hand,
a whole army of suckers
entered the sailors' dream.

The struggle was unbridled
and took on such proportions
that masts snapped off,

las hachas cortaban pedazos
de dura goma submarina,
las bocas del monstruo chupaban
con largas cadenas de labios,
mientras sus pupilas sin párpados
fosforeciendo vigilaban.

Aquello fué carnicería,
resbalaban los pies en sangre,
y cuando caían cortados
los dedos fríos de la Bestia
otra mano infernal subía
enrollándose en la cintura
de los desdichados chilenos.

Cuando llegó con su mantel
la aurora helada del Antártico
encontró la muerte en el mar:
aquel velero destronado
por el octopus moribundo
y siete balleneros vivos
entre las olas y la ausencia.

La aurora lloró hasta empapar
su mantel de aguas amarillas.

Pasaron entonces los pájaros,
los interminables enjambres,
las colmenas del archipiélago,
y sobre las crueles heridas
de la Bestia y sobre los muertos
iba la luz indiferente
y las alas sobre la espuma.

axes hacked out pieces
of hard undersea rubber,
the mouths of the monster sucked
through huge layered lips,
while its great lidless eyes
watched through their phosphorescence.

There, it was butchery,
feet slithered in blood,
and when the Beast's cold fingers
fell away, severed,
another grisly arm arose
coiling round the belts
of the luckless Chileans.

When the frozen Antarctic
spread its cloth of dawn
it found death in the sea –
that sailing boat swept down
by the dying octopus
and seven whalemen alive
between the sea and the silence.

The dawn wept fit to soak
its cloth of yellow water.

Then the birds passed over,
interminable flocks,
hives of the archipelago,
and over the bitter wounds
of the Beast and over the dead
passed the indifferent light
and wings passed over the foam.

III

LA PARTIDA   Roberto López se embarcó en el 'Aurora'.
Arturo Soto en el 'Antartic Star'.
Olegario Ramírez en el 'Maipo'.
Justino Pérez murío en una riña.
Sinfín Carrasco es soldado en Iquique.
Juan de Dios González es campesino y corta
troncos de alerce en las
                        islas del Sur.

THE CREW

Roberto Lopez embarked on the *Aurora*.
Arturo Soto in the *Antarctic Star*.
Olegario Ramirez on the *Maipo*.
Justino Pérez died in a brawl.
Sinfín Carrasco is a soldier in Iquique.
Juan de Dios González is a farmer and fells
larch trunks in the

islands of the South.

[A.R.]

El Perezoso

Continuarán viajando cosas
de metal entre las estrellas,
subirán hombres extenuados,
violentarán la suave luna
y allí fundarán sus farmacias.

En este tiempo de uva llena
el vino comienza su vida
entre el mar y las cordilleras.

En Chile bailan las cerezas,
cantan las muchachas oscuras
y en las guitarras brilla el agua.

El sol toca todas las puertas
y hace milagros con el trigo.

El primer vino es rosado,
es dulce como un niño tierno,
el segundo vino es robusto
como la voz de un marinero
y el tercer vino es un topacio,
una amapola y un incendio.

Mi casa tiene mar y tierra,
mi mujer tiene grandes ojos
color de avellana silvestre,
cuando viene la noche el mar
se viste de blanco y de verde
y luego en la luna la espuma
sueña como novia marina.

No quiero cambiar de planeta.

Lazybones

They will continue wandering,
these things of steel among the stars,
and weary men will still go up
to brutalize the placid moon.
There, they will found their pharmacies.

In this time of the swollen grape,
the wine begins to come to life
between the sea and the mountain ranges.

In Chile now, cherries are dancing,
the dark mysterious girls are singing,
and in guitars, water is shining.

The sun is touching every door
and making wonder of the wheat.

The first wine is pink in colour,
is sweet with the sweetness of a child,
the second wine is able-bodied,
strong like the voice of a sailor,
the third wine is a topaz, is
a poppy and a fire in one.

My house has both the sea and the earth,
my woman has great eyes
the colour of wild hazelnut,
when night comes down, the sea
puts on a dress of white and green,
and later the moon in the spindrift foam
dreams like a sea-green girl.

I have no wish to change my planet.

                                        [A.R.]

365

Bestiario

Si yo pudiera hablar con pájaros,
con ostras y con lagartijas,
con los zorros de Selva Oscura,
con los ejemplares pingüinos,
si me entendieran las ovejas,
los láguidos perros lanudos,
los caballos de carretela,
si discutiera con los gatos,
si me escucharan las gallinas!

Nunca se me ha ocurrido hablar
con animales elegantes:
no tengo curiosidad
por la opinión de las avispas,
ni de las yeguas de carrera:
que se las arreglen volando,
que ganen vestidos corriendo!
Yo quiero hablar con las moscas,
con la perra recién parida
y conversar con las serpientes.

Cuando tuve pies para andar
en noches triples, ya pasadas,
seguí a los perros nocturnos,
esos escuálidos viajeros
que trotan viajando en silencio
con gran prisa a ninguna parte
y los seguí por muchas horas,
ellos desconfiaban de mí,
ay, pobres perros insensatos,
perdieron la oportunidad
de narrar sus melancolías,

Bestiary

If I were able to speak with the birds,
with oysters and with little lizards,
with the foxes of Selva Oscura,
with penguin representatives,
if sheep could understand me,
and tired woollen dogs,
and great cart-horses,
if I could have words with cats,
if chickens would listen to me!

It has never occurred to me to speak
with the genteel animals.
I have no interest in
the opinions of wasps
nor of racehorses.
Let them get on with their flying,
let them win racing colours!
I want to speak to flies,
to the bitch newly delivered,
and have conversation with serpents.

When my feet were able to walk
through threefold nights, now vanished,
I followed the dogs of the dark,
these squalid vagabonds
who pad about in silence
hurrying towards nowhere,
and I followed them for hours;
they were distrustful of me,
the poor insensitive beasts.
They lost the opportunity
of telling me their troubles,

de correr con pena y con cola
por las calles de los fantasmas.

Siempre tuve curiosidad
por el erótico conejo:
quiénes lo incitan y susurran
en sus genitales orejas?
Él va sin cesar procreando
y no hace caso a San Francisco,
no oye ninguna tontería:
el conejo monta y remonta
con organismo inagotable.
Yo quiero hablar con el conejo,
amo sus costumbres traviesas.

Las arañas están gastadas
por páginas bobaliconas
de simplistas exasperantes
que las ven con ojos de mosca,
que la describen devoradora,
carnal, infiel, sexual, lasciva.
Para mí esta reputación
retrata a los reputadores:
la araña es una ingeniera,
una divina relojera,
por una mosca más o menos
que la detesten los idiotas,
yo quiero conversar con la araña:
quiero que me teja una estrella.

Me interesan tanto las pulgas
que me dejo picar por horas,
son perfectas, antiguas, sánscritas,
son máquinas inapelables.
No pican para comer,
sólo pican para saltar,
son las saltarinas del orbe,
las delicadas, las acróbatas
del circo más suave y profundo:

of tailing wretchedly through
the ghost-crowded streets.

I was always curious
about the erotic rabbit.
Who stirs it up, who whispers
in its genital ears?
It never stops procreating,
goes unnoticed in San Francisco,
has no time for trivia.
The rabbit is always at it
with its inexhaustible mechanism,
I would like to speak with the rabbit.
I love its randy habits.

Spiders have been explained away
in imbecilic texts
by exasperating simplifiers
who take the fly's point of view,
who describe them as voracious,
carnal, unfaithful, lascivious.
For me, that reputation
reflects on those who bestow it.
The spider is an engineer,
a divine watchmaker.
For one fly more or less
the foolish can detest them;
I wish to speak with spiders.
I want them to weave me a star.

Fleas interest me so much
that I let them bite me for hours.
They are perfect, ancient as Sanscrit,
relentless as machines.
They bite not in order to eat,
they only bite to go jumping,
the gymnasts of the globe,
the most delicate and accomplished
acrobats in the circus.

que galopen sobre mi piel,
que divulgen sus emociones,
que se entretengan con mi sangre,
pero que alguien me las presente,
quiero conocerlas de cerca,
quiero saber a qué atenerme.

Con los rumiantes no he podido
intimar en forma profunda:
sin embargo soy un rumiante,
no comprendo que no me entiendan.
Tengo que tratar este tema
pastando con vacas y bueyes,
planificando con los toros.
De alguna manera sabré
tantas cosas intestinales
que están escondidas adentro
como pasiones clandestinas.

Qué piensa el cerdo de la aurora?
No cantan pero la sostienen
con sus grandes cuerpos rosados,
con sus pequeñas patas duras.

Los cerdos sostienen la aurora.

Los pájaros se comen la noche.

Y en la mañana está desierto
el mundo: duermen las arañas,
los hombres, los perros, el viento,
los cerdos gruñen, y amanece.

Quiero conversar con los cerdos.

Dulces, sonoras, roncas ranas,
siempre quise ser rana un día,
siempre amé la charca, las hojas
delgadas como filamentos,
el mundo verde de los berros
con las ranas dueñas del cielo.

Let them gallop across my skin,
let them unbare their feelings,
let them enjoy my blood,
but let someone introduce me;
I want to know them closely,
I want to know what to count on.

I have not been able to form
close friendships with the ruminants.
Of course, I am a ruminant;
I don't see why they misread me.
I shall have to take up this theme
grazing with cows and oxen,
plotting with the bulls.
Somehow I shall know
so many intestinal things
which are concealed inside
deeply, like secret passions.

What do pigs think of the dawn?
They do not sing but bear it up
with their huge pink bodies,
with their small hard hooves.

Pigs bear up the dawn.

Birds gobble up the night.

And in the morning the world
is deserted — spiders and men,
dogs and the wind, all sleep;
pigs grunt and a day breaks.

I want to talk to the pigs.

Frogs, soft, raucous, sonorous —
I always wanted to be a frog,
I always loved the pools and the leaves
slender as filaments,
the green world of watercress
with the frogs lords of the sky.

La serenata de la rana
sube en mi sueño y lo estimula,
sube como una enredadera
a los balcones de mi infancia,
a los pezones de mi prima,
a los jazmines astronómicos
de la negra noche del Sur,
y ahora que ha pasado el tiempo
no me pregunten por el cielo:
pienso que no he aprendido aún
el ronco idioma de las ranas.

Si es así, cómo soy poeta?
Qué sé yo de la geografía
multiplicada de la noche?

En este mundo que corre y calla
quiero más comunicaciones,
otros lenguajes, otros signos,
quiero conocer este mundo.

Todos se han quedado contentos
con presentaciones siniestras
de rápidos capitalistas
y sistemáticas mujeres.
Yo quiero hablar con muchas cosas
y no me iré de este planeta
sin saber qué vine a buscar,
sin averiguar este asunto,
y no me bastan las personas,
yo tengo que ir mucho más lejos
y tengo que ir mucho más cerca.

Por eso, señores, me voy
a conversar con un caballo,
que me excuse la poetisa
y que el profesor me perdone,
tengo la semana ocupada,
tengo que oír a borbotones.
Cómo se llamaba aquel gato?

The serenade of frogs
starts in my dream and illumines it,
starts up like a climbing plant
to the balconies of my childhood,
to my cousin's growing nipples,
to the astronomic jasmine
of black Southern nights,
and now that time has passed,
let them not ask me for the sky;
it seems I still have not learned
the harsh speech of frogs.

If all this is so, how am I a poet?
What do I know of the intimate
geography of the night?

In this world, rushing, subsiding,
I need more communication,
other languages, other signs;
I want to know this world.

Everyone has remained satisfied
with the sinister pronouncements
of capitalists in a hurry
and systematic women.
I want to speak with many things
and I will not leave this planet
without knowing what I came to find,
without solving this affair,
and people are not enough.
I have to go much farther
and I have to go much closer.

So, gentlemen, I am going
to converse with a horse;
let the poetess excuse me,
the professor give me leave.
I shall be busy all week,
I have to listen incessantly.
What was that cat there called?   [A.R.]

Testamento de Otoño

EL POETA
ENTRA A
CONTAR SU
CONDICIÓN Y
PREDILE-
CCIONES

Entre morir y no morir
me decidí por la guitarra
y en esta intensa profesión
mi corazón no tiene tregua,
porque donde menos me esperan
yo llegaré con mi equipaje
a cosechar el primer vino
en los sombreros del Otoño.

Entraré si cierran la puerta
y si me reciben me voy,
no soy de aquellos navegantes
que se extravían en el hielo:
yo me acomodo como el viento,
con las hojas más amarillas,
con los capítulos caídos
de los ojos de las estatuas
y si en alguna parte descanso
es en la propia nuez del fuego,
en lo que palpita y crepita
y luego viaja sin destino.

A lo largo de los renglones
habrás encontrado tu nombre,
lo siento muchísimo poco,
no se trataba de otra cosa
sino de muchísimas más,
porque eres y porque no eres
y esto le pasa a todo el mundo,
nadie se da cuenta de todo
y cuando se suman las cifras
todos éramos falsos ricos:
ahora somos nuevos pobres.

Autumn Testament

THE POET
BEGINS TO
ACCOUNT FOR
HIS CONDITION
AND
PREFERENCES
To die or not to die:
I came out for the guitar
and in that fierce profession
my heart knows little peace —
for where they least expect me
I'll turn up with my gear
to reap the early wine
in the stetsons of Autumn.

I'll enter if they shut me out:
if they receive me, I'm off again,
I'm not among those sailor boys
who lose their bearing on the floes,
I'll make as good use as the wind
of the yellowest leaves,
the fallen columns
in the eyes of statues,
and if I rest up anywhere
I'll choose the kernel of the fire,
choose whatever throbs and crackles
and travels on without a goal.

In the margin of these lines
you will have found your name,
I care but precious little,
we talked of nothing else
than a hell of a lot more,
why you are and why you aren't
and this happens to everyone,
no one can work out everything:
when all accounts are done
we all turn out rich have-beens
now ranked with the new poor.

He sido cortado en pedazos
por rencorosas alimañas
que parecían invencibles.
Yo me acostumbré en el mar
a comer pepinos de sombra,
extrañas variedades de ámbar
y a entrar en ciudades perdidas
con camiseta y armadura
de tal manera que te matan
y tú te mueres de la risa.

Dejo pues a los que ladraron
mis pestañas de caminante,
mi predilección por la sal,
la dirección de mi sonrisa
para que todo lo lleven
con discreción, si son capaces:
ya que no pudieron matarme
no puedo impedirles después
que no se vistan con mi ropa,
que no aparezcan los domingos
con trocitos de mi cadáver,
certeramente disfrazados.
Si no dejé tranquilo a nadie
no me van a dejar tranquilo,
y se verá y eso no importa:
publicarán mis calcetines.

SE DIRIGE A
OTROS
SECTORES
Dejé mis bienes terrenales
a mi Partido y a mi pueblo,
ahora se trata de otras cosas,
cosas tan oscuras y claras
que son sin embargo una sola.
Así sucede con las uvas,
y sus dos poderosos hijos,
el vino blanco, el vino rojo,
toda la vida es roja y blanca,
toda claridad es oscura,
y no todo es tierra y adobe,
hay en mi herencia sombra y sueños.

I have been torn to pieces
by spiteful poaching beasts
which seemed invincible.
I got used in the sea
to eating pips of shade,
strange specimens of amber,
and swam into lost cities
with underwear and armour
in such a way they kill you
and you succumb to laughter.

So I leave to those who barked
my hiker's eyelashes,
my preference for salt,
the address of my smile,
so that they steal it all
discreetly if they can:
since they could hardly kill me
I cannot stop them now.
Let them not wear my clothes
and not appear on Sundays
with slices of my corpse
unerringly disguised.
I left no one alone,
they're hardly going to spare me,
it'll be seen, no matter:
they will publish my socks.

HE TURNS TO
OTHER SECTORS

I left my landed goods
to my Party and my people:
now we must talk of other things,
things so dark and things so clear
they are none the less one thing.
This is what happens with the grape
and its two powerful sons,
white wine and red wine,
the whole of life is red and white,
the clear is also the obscure,
not everything is earth and mud:
shadows and dreams are my inheritance.

CONTESTA A
ALGUNOS
BIEN
INTEN-
CIONADOS

Me preguntaron una vez
por qué escribía tal oscuro,
pueden preguntarlo a la noche,
al mineral, a las raíces.
Yo no supe qué contestar
hasta que luego y después
me agredieron dos desalmados
acusándome de sencillo:
que responda el agua que corre,
y me fuí corriendo y cantando.

DESTINA
SUS PENAS

A quién dejo tanta alegría
que pululó por mis venas
y este ser y no ser fecundo
que me dió la naturaleza?
He sido un largo río lleno
de piedras duras que sonaban
con sonidos claros de noche,
con cantos oscuros de día
y a quién puedo dejarle tanto,
tanto que dejar y tan poco,
una alegría sin objeto,
un caballo solo en el mar,
un telar que tejía viento?

DISPONE DE SUS
REGOCIJOS

Mis tristezas se las destino
a los que me hicieron sufrir,
pero me olvidé cuáles fueron,
y no sé dónde las dejé,
si las ven en medio del bosque
son como las enredaderas
suben del suelo con sus hojas
y terminan donde terminas,
en tu cabeza o en el aire,
y para que no suban más
hay que cambiar de primavera.

HE ANSWERS
SOME WELL-
INTENTIONED
PEOPLE

They asked me once upon a time
why my stuff was so obscure,
let them go and ask the night,
let them ask metals and roots.
I didn't know what to reply
until with one thing and another
two treacheries assaulted me
accusing me of artlessness:
let the running water answer
and I was off, running and singing.

HE SHARES
OUT HIS
SUFFERINGS

To whom was destined so much joy
brimming in my veins,
this being and not being fertile
that Nature helped me to?
I've been a river wide and filled
with hard stones ringing
clear night-time noises
and dark day songs:
to whom can I then leave so much –
so much to leave, so little left,
a happiness without an object,
a horse alone among the waves,
a loom weaving the wind?

AND DISPOSES
OF HIS JOYS

My sadness I intend for
those who caused me to suffer
but I forget what they were
and I don't know where I left them:
if I see them in mid-forest
they are like the climbing vines
rising up with their leaves
and they end where you end,
in your head or in the air;
if they're not to rise again
you must change to another spring.

Anduve acercándome al odio,
son serios sus escalofríos,
sus nociones vertiginosas.
El odio es un pez espada,
se mueve en el agua invisible
y entonces se le ve venir,
y tiene sangre en el cuchillo:
lo desarma la transparencia.

Entonces para qué odiar
a los que tanto nos odiaron?
Allí están debajo del agua
acechadores y acostados
preparando espada y alcuza,
telarañas y telaperros.
No se trata de cristianismos,
no es oración ni sastrería,
sino que el odio perdió:
se le cayeron las escamas
en el mercado del veneno,
y mientras tanto sale el sol
y uno se pone a trabajar
y a comprar su pan y su vino.

PERO LO
CONSIDERA EN
SU TESTAMENTO
Al odio le dejaré
mis herraduras de caballo,
mi camiseta de navío,
mis zapatos de caminante,
mi corazón de carpintero,
todo lo que supe hacer
y lo que me ayudó a sufrir,
lo que tuve de duro y puro,
de indisoluble y emigrante,
para que se aprenda en el mundo
que los que tienen bosque y agua
pueden cortar y navegar,
pueden ir y pueden volver,
pueden padecer y amar,
pueden temer y trabajar,

HE STATES HIS
CASE AGAINST
HATRED

I got very close to hatred:
those cold shivers are a menace,
those dizzy fantasies.
Hate is like a swordfish,
working through water invisibly
and then you see it coming
with blood along its blade,
but transparency disarms it.

Why then should one detest
those who hate him so much?
There they are under the water
lurking about, flat on their bellies,
preparing swords and oil-cans,
their spider webs and dog-traps.
It's not a question of Mrs Grundy,
it's not a prayer or a tailor's curse,
it's only that their hatred lost,
the scales fell from their eyes
in the market-place of poison:
in the meantime the sun comes out
and one gets down to work
and to buying bread and wine.

BUT BEARS IT
IN MIND IN
HIS WILL

To hatred I shall leave
my horse's shoes,
my sailor's undershirt,
my tramping sandals,
my carpenter's heart,
all and every know-how
that helped me to suffer —
whatever here was hard and pure,
body-and-soul and outward-bound,
that the world may come to realize
those who own water and forest
can cut the trees and sail away,
can go their way and then return,
can suffer much and love in turn,

pueden ser y pueden seguir,
pueden florecer y morir,
pueden ser sencillos y oscuros,
pueden no tener orejas,
pueden aguantar la desdicha,
pueden esperar una flor,
en fin, podemos existir,
aunque no acepten nuestras vidas
unos cuantos hijos de puta.

FINALMENTE
SE DIRIGE CON
ARROBAMIENTO
A SU AMADA

Matilde Urrutia, aqui te dejo
lo que tuve y lo que no tuve,
lo que soy y lo que no soy.
Mi amor es un niño que llora,
no quiere salir de tus brazos,
yo te lo dejo para siempre:
eres para mí la más bella.

Eres para mí la más bella,
la más tatuada por el viento,
como un arbolito del sur,
como un avellano en agosto,
eres para mí suculenta
como una panadería,
es de tierra tu corazón
pero tus manos son celestes.

Eres roja y eres picante,
eres blanca y eres salada
como escabeche de cebolla,
eres un piano que ríe
con todas las notas del alma
y sobre mí cae la música
de tus pestañas y tu pelo,
me baño en tu sombra de oro
y me deleitan tus orejas
como si las hubiera visto
en las mareas de coral:
por tus uñas luché en las olas
contra pescados pavorosos.

can fear the worst and work their fill,
can live their life and foot the bill,
can flourish now and later die,
can mingle with the smaller fry,
can live a long time without ears,
can tolerate the saddest fears,
can wait for flowers and for riches –
although there be some sons of bitches
who can't accept we live at all.

FINALLY HE
ADDRESSES
HIMSELF
ECSTATICALLY
TO HIS
BELOVED

Matilde Urrutia, I leave you here
what I had and did not have,
what I am and what I'm not.
My love is a child crying
afraid to leave your arms,
I leave him to you for ever:
you, most beautiful of women.

You are the one most beautiful,
the wind has most tattooed
like a little southern tree,
like a hazel tree in August,
you are as succulent for me
as a baker's full of bread,
your heart is made of earth
but your hands are celestial.

You are red and you are hot,
you are white and very salty
like a laurel sauce with onions,
you are a piano laughing
with all the notes your soul,
your eyelids and your hair,
consent to shed on me,
I bathe in your golden shadow
and your ears delight me
as if I had found them
in the pools of coral reefs:
for your fingernails I fought
with terrifying fish.

De Sur a Sur se abren tus ojos,
y de Este a Oeste tu sonrisa,
no se te pueden ver los pies,
y el sol se entretiene estrellando
el amanecer en tu pelo.
Tu cuerpo y tu rostro llegaron
como yo, de regiones duras,
de ceremonias lluviosas,
de antiguas tierras y martirios,
sigue cantando el Bío-Bío
en nuestra arcilla ensangrentada,
pero tú trajiste del bosque,
todos los secretos perfumes
y esa manera de lucir
un perfil de flecha perdida,
una medalla de guerrero.
Tú fuiste mi vencedora
por el amor y por la tierra,
porque tu boca me traía
antepasados manantiales,
citas en bosque de otra edad,
oscuros tambores mojados:
de pronto oí que me llamaban:
era de lejos y de cuando:
me acerqué al antiguo follaje
y besé mi sangre en tu boca,
corazón mío, mi araucana.

Qué puedo dejarte si tienes,
Matilde Urrutia, en tu contacto
ese aroma de hojas quemadas,
esa fragancia de frutillas
y entre tus dos pechos marinos
el crepúsculo de Cauquenes
y el olor de peumo de Chile?

Es el alto otoño del mar
lleno de niebla y cavidades,
la tierra se extiende y respira,

From South to South your eyes,
from East to West your smile —
one cannot see your feet,
the sun's delightful stars
dawn in your hair.
Body and face arrived
like me from angry regions,
from rainy rituals,
old earths and martyrdoms,
the Bío-Bío sings
along our blood-soaked clay
but you brought out of jungles
every secret aroma
and that manner of shining,
the profile of lost arrows,
a warrior's medallion.
You were my vanquisher
for love and for the earth
because your mouth engendered
ancestral lineages,
meetings in ancient forests,
dark, humid drums
I suddenly hear calling:
it was from far, I know not when,
I touched the age-old foliage,
kissing my blood in your mouth,
my heart, my Araucanian girl.

What can I leave you, Matilde Urrutia,
if in your touch you own
that perfume of burned leaves,
that strawberry fragrance,
and between your breasts
the sea-dusk of Cauquenes,
the laurel smell of Chile?

It is high autumn on the sea,
season of mists and cavities,
the earth stretches and breathes,

se le caen al mes las hojas.
Y tú inclinada en mi trabajo
con tu pasión y tu paciencia
deletreando las patas verdes,
las telarañas, los insectos
de mi mortal caligrafía,
oh leona de pies pequeñitos,
qué haría sin tus manos breves?
dónde andaría caminando
sin corazón y sin objeto?
en qué lejanos autobuses,
enfermo de fuego o de nieve?

Te debo el otoño marino
con la humedad de las raíces,
y la niebla como una uva,
y el sol silvestre y elegante:
te debo este cajón callado
en que se pierden los dolores
y sólo suben a la frente
las corolas de la alegría.
Todo te lo debo a ti,
tórtola desencadenada,
mi codorniza copetona,
mi jilguero de las montañas,
mi campesina de Coihueco.

Alguna vez si ya no somos,
si ya no vamos ni venimos
bajo siete capas de polvo
y los pies secos de la muerte,
estaremos juntos, amor,
extrañamente confundidos.
Nuestras espinas diferentes,
nuestros ojos maleducados,
nuestros pies que no se encontraban
y nuestros besos indelebles,
todo estará por fin reunido,
pero de qué nos servirá

the leaves fall month by month.
And you, leaning into my work,
with your passion, with your patience,
deciphering green batons,
the spider webs, the insects
of my mortal calligraphy,
oh lioness of the small feet
what would I do without your brief hands?
where would I go, where would I travel
deprived of heart and aim?
in what far buses
fevered with fire or snow?

I owe you autumn by the sea,
with the dankness of roots
and the mist like a grape
and the elegant country sun:
I owe you this silent valley
in which sorrows are lost
and only joy's corollas
rise to the forehead.
I owe you everything,
my dove unleashed,
aristocratic quail,
linnet of the mountains,
my peasant princess from Coihueco.

Some time if we're not yet,
if we're not gone, if we're not coming,
under seven layers of dust
and death's dry footsteps,
we'll be together, love,
strangely confused together.
Our separate spines,
our cheeky eyes,
our feet which never met,
our indelible kisses,
will all come together in the end —

la unidad en un cementerio?
Que no nos separe la vida
y se vaya al diablo la muerte!

Aquí me despido, señores,
después de tantas despedidas
y como no les dejo nada
quiero que todos toquen algo:
lo más inclemente que tuve,
lo más insano y más ferviente
vuelve a la tierra y vuelve a ser:
los pétalos de la bondad
cayeron como campanadas
en la boca verde del viento.

Pero yo recogí con creces
la bondad de amigos y ajenos.
Me recibía la bondad
por donde pasé caminando
y la encontré por todas partes
como un corazón repartido.

Qué fronteras medicinales
no destronaron mi destierro
compartiendo conmigo el pan,
el peligro, el techo y el vino?
El mundo abrió sus arboledas
y entré como Juan por su casa
entre dos filas de ternura.
Tengo en el Sur tantos amigos
como los que tengo en el Norte,
no se puede poner el sol
entre mis amigos del Este,
y cuántos son en el Oeste?
No puedo numerar el trigo.
No puedo nombrar ni contar
los Oyarzunes fraternales:
en América sacudida
por tanta amenaza nocturna

but what will be the use
of graveyard unity? Let life not part us
and to hell with death!

FINAL
INSTRUC-
TIONS

Here I take leave, dear friends,
after so many leave-takings
and as I leave you nothing
you should all have something:
the most inclement thing I owned,
the most insane, the most intense,
sinks back to earth and into being –
petals of generosity
falling like peals of bells
into the green mouth of the wind.

But I took in with interest
the warmth of affines and of friends.
Goodness received me
where I passed,
I met with her in every weather
like a shared-out heart.

What favoured limits of my health
shrank from destroying solitude,
sharing out bread with me,
danger and roof and wine?
The world opened its orchards,
I came in like John to his house
between two rows of kindness.
I have as many friends in the South
as I have in the North,
the sun never sets
on my friends in the East
and how many can there be in the West?
I cannot count the wheat.
I cannot count or name
the fraternal Oyarzunes:
in America shaken by
so much nocturnal menace

no hay luna que no me conozca,
ni caminos que no me esperen,
en los pobres pueblos de arcilla
o en las ciudades de cemento
hay algún Arce remoto
que no conozco todavía
pero que nacimos hermanos.

En todas partes recogí
la miel que devoran los osos,
la sumergida primavera,
el tesoro del elefante,
y eso se lo debo a los míos,
a mis parientes cristalinos.
El pueblo me identificó
y nunca dejé de ser pueblo.
Tuve en la palma de la mano
el mundo con sus archipiélagos
y como soy irrenunciable
no renuncié a mi corazón,
a las ostras ni a las estrellas.

TERMINA SU
LIBRO EL POETA
HABLANDO DE
SUS VARIADAS
TRANSFORMA-
CIONES Y
CONFIRMANDO
SU FE EN LA
POESÍA

De tantas veces que he nacido
tengo una experiencia salobre
como criaturas del mar
con celestiales atavismos
y con destinación terrestre.
Y así me muevo sin saber
a qué mundo voy a volver
o si voy a seguir viviendo.
Mientras se resuelven las cosas
aquí dejé mi testimonio,
mi navegante estravagario
para que leyéndolo mucho
nadie pudiera aprender nada,
sino el movimiento perpetuo
de un hombre claro y confundido,
de un hombre lluvioso y alegre,
enérgico y otoñabundo.

there's not a moon ignores me,
no path that won't expect me,
in the poor clay villages
or in the concrete cities
there's some remote Arce
that I don't yet know
but whose twin I was.

Everywhere I got together
honey the bears devoured,
the spring submerged,
the elephant's treasure
and all this I owe to my own
crystalline parents.
The people gave me my identity,
I never ceased to be people.
I carried in the palm of my hand
the world with its archipelagoes
and as I cannot be refused
I never refused my heart,
nor oysters, nor the stars.

THE POET
ENDS HIS
BOOK BY
TALKING
ABOUT HIS
VARIED META-
MORPHOSES
AND
BY
CONFIRMING
HIS FAITH IN
POETRY

I've had a good experience
of all the times I have been born
like creatures of the sea
who've known sky-changes
and earthly destinations.
And thus I go, and cannot know
to which earth I shall return
or if I'll go on living.
While things make up their minds for me,
I leave my will and testament,
my shipshape box of tricks,
in order that, with many readings,
no one can ever learn too much
if not the never-ending motion
of a man clear and confused,
a man of rain and happiness,
energetic and autumn-bound.

Y ahora detrás de esta hoja
me voy y no desaparezco:
daré un salto en la transparencia
como un nadador del cielo,
y luego volveré a crecer
hasta ser tan pequeño un día
que el viento me llevará
y no sabré cómo me llamo
y no seré cuando despierte:

entonces cantaré en silencio.

And now behind this very page
I go and do not disappear:
I'll jump into transparency
like a swimmer in the sky
and then I'll get back to growing
till I'm so small one day
that the wind will take me up
and I won't know my own name
and I won't be any more when he wakes:

and then I'll sing in silence.

[N.T.]

From
Las Piedras de Chile
(1961)

Casa

Tal vez ésta es la casa en que viví
cuando yo no existí ni había tierra,
cuando todo era luna o piedra o sombra,
cuando la luz inmóvil no nacía.
Tal vez entonces esta piedra era
mi casa, mis ventanas o mis ojos.
Me recuerda esta rosa de granito
algo que me habitaba o que habité,
cueva o cabeza cósmica de sueños,
copa o castillo o nave o nacimiento.
Toco el tenaz esfuerzo de la roca,
su baluarte golpeado en la salmuera,
y sé que aquí quedaron grietas mías,
arrugadas sustancias que subieron
desde profundidades hasta mi alma,
y piedra fui, piedra seré, por eso
toco esta piedra y para mí no ha muerto:
es lo que fui, lo que seré, reposo
de un combate tan largo como el tiempo.

House

Perhaps this is the house in which I lived
when neither I, nor earth, existed,
when everything was moon, or stone, or shadow,
with the still light unborn.
This stone could then have been
my house, my windows, or my eyes.
This granite rose recalls
something that lived in me, or I in it,
a cave, a universe of dreams inside the skull:
cup or castle, boat or birth.
I touch the rock's tenacious thrust,
its bulwark pounded in the brine
and I know that flaws of mine subsisted here,
wrinkled substances that surfaced
from the depths into my soul,
and stone I was, stone shall be, and for this
caress this stone which has not died for me:
it's what I was, and shall be – the tranquillity
of struggle stretched beyond the brink of time.

[N.T.]

El León

Un gran león llegó de lejos:
era grande como el silencio,
tenía sed, buscaba sangre,
y detrás de su investidura
tenía fuego como una casa,
ardía como un monte de Osorno.

No encontró más que soledad
Rugió de huraño, de hambriento:
sólo podía comer aire,
espuma impune de la costa,
heladas lechugas del mar,
aire de color de pájaro,
inaceptables alimentos.

Triste león de otro planeta
traído por la alta marea
a los islotes de Isla Negra,
al archipiélago de sal,
sin más que un hocico vacío,
unas garras desocupadas
y una cola como un plumero.

Fue sintiendo todo el ridículo
de su contextura marcial
y con los años que pasaban
se fue arrugando de vergüenza.
La timidez lo llevó entonces
a las arrogancias peores
y fue envejeciendo como uno
de los leones de la Plaza,

The Lion

A great lion came from the distances.
It was huge as silence is,
it was thirsty, it was after blood,
and behind its posturing
it had fire, as a house has,
it burned like a mountain of Osorno.

It found only solitude,
it roared, out of uncertainty and hunger –
the only thing to eat was air,
the wild foam of the coast,
frozen sea lettuces,
air the colour of birds,
unacceptable nourishment.

Wistful lion from another planet,
cast up by the high tide
on the rocky coast of Isla Negra,
the salty archipelago,
with nothing more than an empty maw,
claws that were idle
and a tail like a feather duster.

It was well aware of the foolishness
of its aggressive appearance
and with the passing of years
it wrinkled up in shame.
Its timidity led it on
to worse displays of arrogance
and it went on ageing like one
of the lions in the Plaza,

se fue convirtiendo en adorno
de escalinata, de jardín,
hasta enterrar la triste frente,
clavar los ojos en la lluvia,
y quedarse quieto esperando
la justicia gris de la piedra,
la hora de la geología.

it slowly turned into an ornament
for a portico or a garden,
to the point of hiding its sad forehead,
fixing its eyes on the rain
and keeping still to wait for
the grey justice of stone,
its geological hour.

[A.R.]

Yo Volveré

Alguna vez, hombre o mujer, viajero,
después, cuando no viva,
aquí buscad, buscadme
entre piedra y océano,
a la luz procelaria
de la espuma.
Aquí buscad, buscadme,
porque aquí volveré sin decir nada,
sin voz, sin boca, puro,
aquí volveré a ser el movimiento
del agua, de
su corazón salvaje,
aquí estaré perdido y encontrado:
aquí seré tal vez piedra y silencio.

I Will Come Back

Some time, man or woman, traveller,
afterwards, when I am not alive,
look here, look for me here
between the stones and the ocean,
in the light storming
in the foam.
Look here, look for me here,
for here is where I shall come, saying nothing,
no voice, no mouth, pure,
here I shall be again the movement
of the water, of
its wild heart,
here I shall be both lost and found –
here I shall be perhaps both stone and silence.

                                                        [A.R.]

El Retrato en la Roca

Yo sí lo conocí, viví los años
con él, con su substancia de oro y piedra,
era un hombre cansado:
dejó en el Paraguay su padre y madre,
sus hijos, sus sobrinos,
sus últimos cuñados,
su puerta, sus gallinas,
y algunos libros entreabiertos.
Llamaron a la puerta.
Cuando abrió lo sacó la policía,
y lo apelearon tanto
que escupió sangre en Francia, en Dinamarca,
en España, en Italia, trajinando,
y así murió y dejé de ver su cara,
dejé de oír su hondísimo silencio,
cuando una vez, de noche con chubasco,
con nieve que tejía
el traje puro de la cordillera,
a caballo, allá lejos,
miré y allí estaba mi amigo:
de piedra era su rostro,
su perfil desafiaba la intemperie,
en su nariz quebraba el viento
un largo aullido de hombre perseguido:
allí vino a parar el desterrado:
vive en su patria convertido en piedra.

The Portrait in the Rock

Oh yes I knew him, I spent years with him,
with his golden and stony substance,
he was a man who was tired —
in Paraguay he left his father and mother,
his sons, his nephews,
his latest in-laws,
his house, his chickens,
and some half-opened books.
They called him to the door.
When he opened it, the police took him,
and they beat him up so much
that he spat blood in France, in Denmark,
in Spain, in Italy, moving about,
and so he died and I stopped seeing his face,
stopped hearing his profound silence;
then once, on a night of storms,
with snow spreading
a smooth cloak on the mountains,
on horseback, there, far off,
I looked and there was my friend —
his face was formed in stone,
his profile defied the wild weather,
in his nose the wind was muffling
the moaning of the persecuted.
There the exile came to ground.
Changed into stone, he lives in his own country.

[A.R.]

From
Cantos Ceremoniales
(1961)

Fin de Fiesta

XII

Espuma blanca, Marzo en la Isla, veo
trabajar ola y ola, quebrarse la blancura,
desbordar el océano de su insaciable copa,
el cielo estacionario dividido
por largos lentos vuelos de aves sacerdotales
y llega el amarillo,
cambia el color del mes, crece la barba
del otoño marino,
y yo me llamo Pablo,
soy el mismo hasta ahora,
tengo amor, tengo dudas,
tengo deudas,
tengo el inmenso mar con empleados
que mueven ola y ola,
tengo tanta intemperie que visito
naciones no nacidas:
voy y vengo del mar y sus países,
conozco
los idiomas de la espina,
el diente del pez duro,
escalofrío de las latitudes,
la sangre del coral, la taciturna
noche de la ballena,
porque de tierra en tierra fui avanzando
estuario, insufribles territorios,
y siempre regresé, no tuve paz:
qué podía decir sin mis raíces?

Fiesta's End

XII

White foam, March in Isla Negra, I see
wave working on wave, the whiteness weakening,
the ocean overflowing from its bottomless cup,
the still sky crisscrossed
by long slow flights of sacerdotal birds,
and the yellow comes,
the month changes colour, the beard
of a sea-coast autumn grows,
and I am called Pablo,
I am the same so far,
I have love, I have doubts,
I have debts,
I have the vast sea with its workers
moving wave after wave,
I am so restless that I visit
nations not yet born –
I come and go on the sea and its countries,
I know
the language of the fishbone,
the tooth of the hard fish,
chill of the latitudes,
blood of the coral, the silent
night of the whale,
for from land to land I went, exploring
estuaries, insufferable regions,
and always I returned, I found no peace –
what could I say at all without my roots?

XIII

Qué podía decir sin tocar tierra?
A quién me dirigía sin la lluvia?
Por eso nunca estuve donde estuve
y no navegué más que de regreso
y de las catedrales no guardé
retrato ni cabellos: he tratado
de fundar piedra mía a plena mano,
con razón, sin razón, con desvarío,
con furia y equilibrio: a toda hora
toqué los territorios del león
y la torre intranquila de la abeja,
por eso cuando vi lo que ya había visto
y toqué tierra y lodo, piedra y espuma mía,
seres que reconocen mis pasos, mi palabra,
plantas ensortijadas que besaban mi boca,
dije: 'aquí estoy', me desnudé en la luz,
dejé caer las manos en el mar,
y cuando todo estaba transparente,
bajo la tierra, me quedé tranquilo.

What could I say without coming to ground?
To whom would I turn without the rain?
Thus I was never where I found myself
and I took no journey other than the return
and I kept neither picture nor lock of hair
from the cathedrals — I have tried
to shape my own stone with the work of my hands,
sensibly, wildly, following my whim,
with rage and equilibrium — at every hour
I touched the territories of the lion,
the restless sanctuary of the bees,
thus, when I saw what I had already seen
and touched both earth and mud, stone and my foam,
natures which recognize my steps, my words,
curling plants which kissed my mouth,
I said 'I am here', I stripped in the light,
I let my hands fall to the sea,
and when everything took on transparency,
under the land, I was at peace.

[A.R.]

From
Plenos Poderes
(1962)

Deber del Poeta

A quien no escucha el mar en este Viernes
por la mañana, a quien adentro de algo
casa, oficina, fábrica o mujer,
o calle o mina o seco calabozo:
a éste yo acudo y sin hablar ni ver
llego y abro la puerta del encierro
y un sin fin se oye vago en la insistencia,
un largo trueno roto se encadena
al peso del planeta y de la espuma,
surgen los ríos roncos del océano,
vibra veloz en su rosal la estrella
y el mar palpita, muere y continúa

Así por el destino conducido
debo sin tregua oír y conservar
el lamento marino en mi conciencia,
debo sentir el golpe de agua dura
y recogerlo en una taza eterna
para que donde esté el encarcelado,
donde sufra el castigo del otoño
yo esté presente con una ola errante,
yo circule a través de las ventanas
y al oirme levante la mirada
diciendo: cómo me acercaré al océano?
Y yo trasmitiré sin decir nada
los ecos estrellados de la ola,
un quebranto de espuma y arenales,
un susurro de sal que se retira,
el grito gris del ave de la costa.

Y así, por mí, la libertad y el mar
responderán al corazón oscuro.

Poet's Obligation

To whoever is not listening to the sea
this Friday morning, to whoever is cooped up
in house or office, factory or woman
or street or mine or harsh prison cell:
to him I come, and, without speaking or looking,
I arrive and open the door of his prison,
and a vibration starts up, vague and insistent,
a great fragment of thunder sets in motion
the rumble of the planet and the foam,
the raucous rivers of the ocean flood,
the star vibrates swiftly in its corona,
and the sea is beating, dying and continuing.

So, drawn on by my destiny,
I ceaselessly must listen to and keep
the sea's lamenting in my awareness,
I must feel the crash of the hard water
and gather it up in a perpetual cup
so that, wherever those in prison may be,
wherever they suffer the autumn's castigation,
I may be there with an errant wave,
I may move, passing through windows,
and hearing me, eyes will glance upward
saying 'How can I reach the sea?'
And I shall broadcast, saying nothing,
the starry echoes of the wave,
a breaking up of foam and of quicksand,
a rustling of salt withdrawing,
the grey cry of sea-birds on the coast.

So, through me, freedom and the sea
will make their answer to the shuttered heart.

[A.R.]

La Palabra

Nacio
la palabra en la sangre,
creció en el cuerpo oscuro, palpitando,
y voló con los labios y la boca.

Más lejos y más cerca
aún, aún venía
de padres muertos y de errantes razas,
de territorios que se hicieron piedra,
que se cansaron de sus pobres tribus,
porque cuando el dolor salió al camino
los pueblos anduvieron y llegaron
y nueva tierra y agua reunieron
para sembrar de nuevo su palabra.

Y así la herencia es ésta:
éste es el aire que nos comunica
con el hombre enterrado y con la aurora
de nuevos seres que aún no amanecieron.

Aún la atmósfera tiembla
con la primera palabra
elaborada
con pánico y gemido.
Salió
de las tinieblas
y hasta ahora no hay trueno
que truene aún con su ferretería
como aquella palabra,
la primera
palabra pronunciada:
tal vez sólo un susurro fue, una gota,
y cae y cae aún su catarata.

Luego el sentido llena la palabra.

The Word

The word
was born in the blood,
grew in the dark body, beating,
and flew through the lips and the mouth.

Farther away and nearer
still, still it came
from dead fathers and from wandering races,
from lands that had returned to stone
weary of their poor tribes,
because when pain took to the roads
the settlements set out and arrived
and new lands and water reunited
to sow their word anew.

And so, this is the inheritance —
this is the wavelength which connects us
with the dead man and the dawn
of new beings not yet come to light.

Still the atmosphere quivers
with the initial word
dressed up
in terror and sighing.
It emerged
from the darkness
and until now there is no thunder
that rumbles yet with all the iron
of that word,
the first
word uttered —
perhaps it was only a ripple, a drop,
and yet its great cataract falls and falls.

Later on, the word fills with meaning.

Quedó preñada y se llenó de vidas.
Todo fue nacimientos y sonidos:
la afirmación, la claridad, la fuerza,
la negación, la destrucción, la muerte:
el verbo asumió todos los poderes
y se fundió existencia con esencia
en la electricidad de su hermosura.

Palabra humana, sílaba, cadera
de larga luz y dura platería,
hereditaria copa que recibe
las comunicaciones de la sangre:
he aquí que el silencio fue integrado
por el total de la palabra humana
y no hablar es morir entre los seres:
se hace lenguaje hasta la cabellera,
habla la boca sin mover los labios:
los ojos de repente son palabras.

Yo tomo la palabra y la recorro
como si fuera sólo forma humana,
me embelesan sus líneas y navego
en cada resonancia del idioma:
pronuncio y soy y sin hablar me acerca
al fin de las palabras al silencio.

Bebo por la palabra levantando
una palabra o copa cristalina,
en ella bebo
el vino del idioma
o el agua interminable,
manantial maternal de las palabras,
y copa y agua y vino
originan mi canto
porque el verbo es origen
y vierte vida: es sangre,
es la sangre que expresa su substancia
y está dispuesto así su desarrollo:
dan cristal al cristal, sangre a la sangre,
y dan vida a la vida las palabras.

It remained gravid and it filled up with lives.
Everything had to do with births and sounds –
affirmation, clarity, strength,
negation, destruction, death –
the verb took over all the power
and blended existence with essence
in the electricity of its beauty.

Human word, syllable, combination
of spread light and the fine art of the silversmith,
hereditary goblet which gathers
the communications of the blood –
here is where silence was gathered up
in the completeness of the human word
and, for human beings, not to speak is to die –
language extends even to the hair,
the mouth speaks without the lips moving –
all of a sudden the eyes are words.

I take the word and go over it
as though it were nothing more than a human shape,
its arrangements awe me and I find my way
through each variation in the spoken word –
I utter and I am and without speaking I approach
the limit of words and the silence.

I drink to the word, raising
a word or a shining cup,
in it I drink
the pure wine of language
or inexhaustible water,
maternal source of words,
and cup and water and wine
give rise to my song
because the verb is the source
and vivid life – it is blood,
blood which expresses its substance
and so implies its own unwinding –
words give glass-quality to glass, blood to blood,
and life to life itself.   [A.R.]

Océano

Cuerpo más puro que una ola,
sal que lava la línea,
y el ave lúcida
volando sin raíces.

Ocean

Body more immaculate than a wave,
salt washing away its own line,
and the brilliant bird
flying without ground roots.

[A.R.]

El Mar

Un solo ser, pero no hay sangre.
Una sola caricia, muerte o rosa.
Viene el mar y reune nuestras vidas
y solo ataca y se reparte y canta
en noche y día y hombre y criatura.
La esencia: fuego y frío: movimiento.

The Sea

A single being, but there is no blood.
A single caressing, death or a rose.
The sea comes in and joins our lives again
and only attacks and breaks up and sings
in nights and days and men and creatures.
Its essence: fire and cold: movement.

[A.R.]

El Constructor

Yo escogí la quimera,
de sal helada construí la estatua:
fundé el reloj en plena lluvia
y vivo sin embargo.

Es verdad que mi largo poderío
subdividió los sueños
y sin que yo supiera levantaban
muros, separaciones, incesantes.

Entonces fuí a la costa.

Yo vi cuando nació la embarcación,
la toqué, lisa como el pez sagrado:
tembló como la cítara de Dios,
la madera era pura,
tenía olor a miel.
Y cuando no volvía,
la nave no volvía
todos se sumergieron en sus lágrimas
mientras yo regresaba a la madera
con el hacha desnuda como estrella.

Mi religión eran aquellas naves.

No tengo más remedio que vivir.

The Builder

I chose my own chimera,
from frozen salt I made its likeness —
I based my time on the great rain
and even so, I am still living.

It is true that my broad dominion
divided up dreams
and without my knowing there arose
walls, separations, endlessly.

Then I went to the coast.

I saw the start of the embarkation,
I touched it, smooth as the sacred fish —
it quivered like the harp of Heaven,
the woodwork was clean
and had the scent of honey.
And when it did not return,
the ship did not return,
everyone drowned in their tears
while I returned to the wood
with an axe naked as a star.

My faith lay in those ships.

I have no choice but to live.

[A.R.]

Pasado

Tenemos que echar abajo el pasado
y como se construye
piso por piso, ventana a ventana,
y sube el edificio
así, bajando vamos
primero tejas rotas,
luego orgullosas puertas,
hasta que del pasado
sale polvo
como si se golpeara
contra el suelo,
sale humo
como si se quemara,
y cada nuevo día
reluce
como un plato
vacío:
no hay nada, no hubo nada:
hay que llenarlo
de nuevas nutriciones
espaciosas,
entonces, hacia abajo
cae el día de ayer
como en un pozo
al agua del pasado,
a la cisterna
de lo que ya no tiene voz ni fuego.
Es difícil
acostumbrar los huesos
a perderse,
los ojos
a cerrarse

Past

We have to discard the past
and, as one builds
floor by floor, window by window,
and the building rises,
so do we go on throwing down
first, broken tiles,
then pompous doors,
until out of the past
dust rises
as if to crash
against the floor,
smoke rises
as if to catch fire,
and each new day
it gleams
like an empty
plate.
There is nothing, there is always nothing.
It has to be filled
with a new, fruitful
space,
then downward
tumbles yesterday
as in a well
falls yesterday's water,
into the cistern
of all still without voice or fire.
It is difficult
to teach bones
to disappear,
to teach eyes
to close

427

pero
lo hacemos
sin saberlo
todo era vivo,
vivo, vivo, vivo
como un pez escarlata
pero el tiempo
pasó con trapo y noche
y fue borrando
el pez y su latido:
al agua al agua al agua
va cayendo el pasado
aunque se agarre
a espinas
y raíces:
se fue se fue y no valen
los recuerdos:
ya el párpado sombrío
cubrió la luz del ojo
y aquello que vivía
ya no vive:
lo que fuimos no somos.
Y la palabra aunque las letras tengan
iguales transparencias y vocales
ahora es otra y es otra la boca:
la misma boca es otra boca ahora:
cambiaron labios, piel, circulaciones,
otro ser ocupó nuestro esqueleto:
aquel que fue en nosotros ya no está:
se fue, pero si llaman, respondemos
'Aquí estoy' y se sabe que no estamos,
que aquel que estaba, estuvo y se perdió:
se perdió en el pasado y ya no vuelve.

but
we do it
unrealizing.
It was all alive,
alive, alive, alive
like a scarlet fish
but time
passed over its dark cloth
and the flash of the fish
drowned and disappeared.
Water water water
the past goes on falling
still a tangle
of bones
and of roots;
it has been, it has been, and now
memories mean nothing.
Now the heavy eyelid
covers the light of the eye
and what was once living
now no longer lives;
what we were, we are not.
And with words, although the letters
still have transparency and sound,
they change, and the mouth changes;
the same mouth is now another mouth;
they change, lips, skin, circulation;
another being has occupied our skeleton;
what once was in us now is not.
It has gone, but if they call, we reply:
'I am here', knowing we are not,
that what once was, was and is lost,
is lost in the past, and now will not return.

                                                    [A.R.]

El Pueblo

De aquel hombre me acuerdo y no han pasado
sino dos siglos desde que lo vi,
no anduvo ni a caballo ni en carroza:
a puro pie
deshizo
las distancias
y no llevaba espada ni armadura,
sino redes al hombro,
hacha o martillo o pala,
nunca apaleó a ninguno de su especie:
su hazaña fue contra el agua o la tierra,
contra el trigo para que hubiera pan,
contra el árbol gigante para que diera leña.
contra los muros para abrir las puertas,
contra la arena construyendo muros
y contra el mar para hacerlo parir.

Lo conocí y aún no se me borra.

Cayeron en pedazos las carrozas,
la guerra destruyó puertas y muros,
la ciudad fue un puñado de cenizas,
se hicieron polvo todos los vestidos,
y él para mí subsiste,
sobrevive en la arena,
cuando antes parecía
todo imborrable menos él.

En el ir y venir de las familias
a veces fue mi padre o mi pariente
o apenas si era él o si no era
tal vez aquel que no volvió a su casa

The Pueblo

That man I remember well, and at least two centuries
have passed since I saw him;
he travelled neither on horseback nor in a carriage –
purely on foot
he undid
the distances,
carrying neither sword nor weapon
but nets on his shoulder,
axe or hammer or spade;
he never fought with another of his kind –
his struggle was with water or with earth,
with the wheat, for it to become bread,
with the towering tree, for it to yield wood,
with the walls, to open doors in them,
with the sand, constructing walls,
and with the sea, to make it bear fruit.

I knew him and still he is there in me.

The carriages splintered in pieces,
war destroyed doorways and walls,
the city was a fistful of ashes,
all the dresses withered into dust,
and he persists, for my sake,
he survives in the sand,
where everything previously
seemed durable except him.

In the comings and goings of families,
at times he was my father or my relative
or (it may have been, it may not)
perhaps the one who did not come home

porque el agua o la tierra lo tragaron
o lo mató una máquina o un árbol
o fue aquel enlutado carpintero
que iba detrás del ataúd, sin lágrimas,
alguien en fin que no tenía nombre,
que se llamaba metal o madera,
y a quien miraron otros desde arriba
sin ver la hormiga
sino el hormiguero
y que cuando sus pies no se movían,
porque el pobre cansado había muerto,
no vieron nunca que no lo veían:
había ya otros pies en donde estuvo.

Los otros pies eran él mismo,
también las otras manos,
el hombre sucedía:
cuando ya parecía transcurrido
era el mismo de nuevo
allí estaba otra vez cavando tierra,
cortando tela, pero sin camisa,
allí estaba y no estaba, como entonces,
se había ido y estaba de nuevo,
y como nunca tuvo cementerio,
ni tumba, in su nombre fue grabado
sobre la piedra que cortó sudando,
nunca sabía nadie que llegaba
y nadie supo cuando se moría,
así es que sólo cuando el pobre pudo
resucitó otra vez sin ser notado.

Era el hombre sin duda, sin herencia,
sin vaca, sin bandera,
y no se distinguía entre los otros,
los otros que eran él,
desde arriba era gris como el subsuelo,
como el cuero era pardo,
era amarillo cosechando trigo,
era negro debajo de la mina,

because water or earth devoured him
or a machine or a tree killed him,
or he was that funeral carpenter
who walked behind the coffin, but dry-eyed,
someone who never had a name
except as wood or metal have,
and on whom others looked from above,
unable to see
the ant for the ant-hill;
so that when his feet no longer moved
because, poor and tired, he had died,
they never saw what they were not used to seeing –
already other feet walked in his place.

The other feet were still him,
equally the other hands,
the man persisted –
when it seemed that now he was spent,
he was the same man over again,
there he was once more, tilling the soil,
cutting cloth, but without a shirt,
there he was and was not, as before,
he had gone and was back again,
and since he never had cemetery
nor tomb, nor his name engraved
on the stone that he sweated to cut,
nobody ever knew of his arrival
and nobody knew when he died,
thus only when the poor man was able
did he come back to life again, unnoticed.

He was the man all right, without inheritance,
cattle or coat of arms,
and he did not stand out from the others,
the others who were himself,
from above he was grey like clay,
he was drab as leather,
he was yellow harvesting wheat,
he was black deep in the mine,

433

era color de piedra en el castillo,
en el barco pesquero era color de atún
y color de caballo en la pradera:
cómo podía nadie distinguirlo
si era el inseparable, el elemento,
tierra, carbón o mar vestido de hombre?

Donde vivió crecía
cuanto el hombre tocaba:
la piedra hostil,
quebrada
por sus manos,
se convertía en orden
y una a una formaron
la recta claridad del edificio,
hizo el pan con sus manos,
movilizó los trenes,
se poblaron de pueblos las distancias,
otros hombres crecieron,
llegaron las abejas,
y porque el hombre crea y multiplica
la primavera caminó al mercado
entre panaderías y palomas.

El padre de los panes fue olvidado,
él que cortó y anduvo, machacando
y abriendo surcos, acarreando arena,
cuando todo existió ya no existía,
él daba su existencia, eso era todo.
Salió a otra parte a trabajar, y luego
se fue a morir rodando
como piedra del río:
aguas abajo lo llevó la muerte.

Yo, que lo conocí, lo vi bajando
hasta no ser sino lo que dejaba:
calles que apenas pudo conocer,
casas que nunca y nunca habitaría.

he was stone-coloured in the castle,
in the fishing boat, the colour of tunny,
horse-coloured in the meadow –
how could anyone distinguish him
if they were inseparable, the element,
earth, coal or sea, in the guise of a man?

Where he lived, everything
a man touched would grow:
the hostile stones,
hewn
by his hands,
took shape and form
and one by one took on
the sharp clarity of buildings,
he made bread with his hands,
set the trains running,
the distances bred townships,
other men grew up,
the bees arrived,
and through man's creating and multiplying,
spring wandered into the market place
between doves and bakeries.

The father of the loaves was forgotten,
he who cut and walked, beating
and opening paths, shifting sand,
when everything else existed, he existed no longer,
he gave away his existence, that was everything.
He went somewhere else to work and ultimately
he went into death, rolling
like a river stone –
death carried him off downstream.

I, who knew him, saw him go down
till he existed only in what he was leaving –
streets he could scarcely be aware of,
houses he never never would inhabit.

Y vuelvo a verlo, y cada día espero.

Lo veo en su ataúd y resurrecto.

Lo distingo entre todos
los que son sus iguales
y me parece que no puede ser,
que así no vamos a ninguna parte,
que suceder así no tiene gloria.

Yo creo que en el trono debe estar
este hombre, bien calzado y coronado.

Creo que los que hicieron tantas cosas
deben ser dueños de todas las cosas.

Y los que hacen el pan deben comer!

Y deben tener luz los de la mina!

Basta ya de encadenados grises!

Basta de pálidos desaparecidos!

Ni un hombre más que pase sin que reine.

Ni una sola mujer sin su diadema.

Para todas las manos guantes de oro.

Frutas del sol a todos los oscuros!

Yo conocí aquel hombre y cuando pude,
cuando ya tuve ojos en la cara,
cuando ya tuve la voz en la boca
lo busqué entre las tumbas, y le dije
apretándole un brazo que aún no era polvo:

'Todos se irán, tú quedarás viviente.

I come back to see him, and every day I wait.

I see him in his coffin and resurrected.

I pick him out from all
the others who are his equals
and it seems to me that it cannot be,
that in this way, we are going nowhere,
to survive so has no glory.

I believe that Heaven must include
that man, properly shod and crowned.

I think that those who made so many things
ought to be masters of everything.

And those who make bread ought to eat!

And those in the mine should have light!

Enough by now of grey men in chains!

Enough of the pale lost ones!

Not another man will go past except as a ruler.

Not a single woman without her diadem.

Gloves of gold for every hand.

Fruits of the sun for all the obscure ones!

I knew that man, and when I could,
when he still had eyes in his head,
when he still had a voice in his throat,
I sought him among the tombs, and I said to him,
pressing his arm that was still not dust:

'Everything will pass, and you will still be living.

Tú encendiste la vida.

Tú hiciste lo que es tuyo.'

Por eso nadie se moleste cuando
parece que estoy solo y no estoy solo,
no estoy con nadie y hablo para todos:

Alguien me está escuchando y no lo saben,
pero aquellos que canto y que lo saben
siguen naciendo y llenarán el mundo.

You set fire to life.

You made what is yours.'

So let no one worry when
I seem to be alone and am not alone,
I am not with nobody and I speak for all –

Someone is listening to me and, although they do not know
    it,
those I sing of, those who know
go on being born and will fill up the world.

[A.R.]

From
Memorial de Isla Negra
(1964)

La Poesía

Y fue a esa edad . . . Llegó la poesía
a buscarme. No sé, no sé de dónde
salió, de invierno o río.
No sé cómo ni cuándo,
no, no eran voces, no eran
palabras, ni silencio,
pero desde una calle me llamaba,
desde las ramas de la noche,
de pronto entre los otros,
entre fuegos violentos
o regresando solo,
allí estaba sin rostro
y me tocaba.

Yo no sabía qué decir, mi boca
no sabía
nombrar,
mis ojos eran ciegos,
y algo golpeaba en mi alma,
fiebre o alas perdidas,
y me fui haciendo solo,
descifrando
aquella quemadura,
y escribí la primera línea vaga,
vaga, sin cuerpo, pura
tontería,
pura sabiduría
del que no sabe nada,
y vi de pronto
el cielo
desgranado
y abierto,

Poetry

And it was at that age . . . Poetry arrived
in search of me. I don't know, I don't know where
it came from, from winter or a river.
I don't know how or when,
no, they were not voices, they were not
words, nor silence,
but from a street I was summoned,
from the branches of night,
abruptly from the others,
among violent fires
or returning alone,
there I was without a face
and it touched me.

I did not know what to say, my mouth
had no way
with names,
my eyes were blind,
and something started in my soul,
fever or forgotten wings,
and I made my own way,
deciphering
that fire,
and I wrote the first faint line,
faint, without substance, pure
nonsense,
pure wisdom
of someone who knows nothing,
and suddenly I saw
the heavens
unfastened
and open,

planetas,
plantaciones palpitantes,
la sombra perforada,
acribillada
por flechas, fuego y flores,
la noche arrolladora, el universo.

Y yo, mínimo ser,
ebrio del gran vacío
constelado,
a semejanza, a imagen
del misterio,
me sentí parte pura
del abismo,
rodé con las estrellas,
mi corazón se desató en el viento.

planets,
palpitating plantations,
shadow perforated,
riddled
with arrows, fire and flowers,
the winding night, the universe.

And I, infinitesimal being,
drunk with the great starry
void,
likeness, image of
mystery,
felt myself a pure part
of the abyss,
I wheeled with the stars,
my heart broke loose on the wind.

[A.R.]

La Pensión de la Calle Maruri

Una calle Maruri.
Las casas no se miran, no se quieren,
sin embargo, están juntas.
Muro con muro, pero
sus ventanas
no ven la calle, no hablan,
son silencio.

Vuela un papel como una hoja sucia
del árbol del invierno.

La tarde quema un arrebol. Inquieto
el cielo esparce fuego fugitivo.

La bruma negra invade los balcones.

Abro mi libro. Escribo
creyéndome
en el hueco
de una mina, de un húmedo
socavón abandonado.
Sé que ahora no hay nadie,
en la casa, en la calle, en la ciudad amarga.
Soy prisionero con la puerta abierta,
con el mundo abierto,
soy estudiante triste perdido en el crepúsculo,
y subo hacia la sopa de fideos
y bajo hasta la cama y hasta el día siguiente.

The Pension on the Calle Maruri

A street, Maruri.
The houses are blind, indifferent to each other,
nevertheless they are adjoining.
Wall to wall, but
their windows
do not see the street, do not speak,
are silence.

A paper flies like a grimy leaf
from the tree of winter.

The afternoon kindles a sunset. Disturbed,
the sky spreads fugitive fire.

The black fog invades the balconies.

I open my book. I write
as if I were
in the shaft
of a mine, a damp
abandoned gallery.
I know that now there is nobody,
in the house, in the street, in the bitter city.
I am a prisoner with the door open,
with the world open,
I am a wistful student lost in the twilight,
and I climb to the alphabet soup
and descend to my bed and the following day.

[A.R.]

Religión en el Este

Allí en Rangoon comprendí que los dioses
eran tan enemigos como Dios
del pobre ser humano.
                              Dioses
de alabastro tendidos
como ballenas blancas,
dioses dorados como las espigas,
dioses serpientes enroscados
al crimen de nacer,
budhas desnudos y elegantes
sonriendo en el coktail
de la vacía eternidad
como Cristo en su cruz horrible,
todos dispuestos a todo,
a imponernos su cielo,
todos con llagas o pistola
para comprar piedad o quemarnos la sangre,
dioses feroces del hombre
para esconder la cobardía,
y allí todo era así,
toda la tierra olía a cielo,
a mercadería celeste.

Religion in the East

There in Rangoon I realized that the gods
were enemies, just like God,
of the poor human being.
                              Gods
in alabaster extended
like white whales,
gods gilded like spikes,
serpent gods entwining
the crime of being born,
naked and elegant buddhas
smiling at the cocktail party
of empty eternity
like Christ on his horrible cross,
all of them capable of anything,
of imposing on us their heaven,
all with torture or pistol
to purchase piety or burn our blood,
fierce gods made by men
to conceal their cowardice,
and there it was all like that,
the whole earth reeking of heaven,
and heavenly merchandise.

                                        [A.R.]

La Noche en Isla Negra

Antigua noche y sal desordenada
golpean las paredes de mi casa:
sola es la sombra, el cielo
es ahora un latido del océano,
y cielo y sombra estallan
con fragor de combate desmedido:
toda la noche luchan,
nadie conoce el peso
de la cruel claridad que se irá abriendo
como una torpe fruta:
así nace en la costa,
de la furiosa sombra, el alba dura,
mordida por la sal en movimiento,
barrida por el peso de la noche,
ensangrentada en su cráter marino.

The Night in Isla Negra

The ancient night and the unruly salt
beat at the walls of my house;
lonely is the shadow, the sky
by now is a beat of the ocean,
and sky and shadow explode
in the fray of unequal combat;
all night long they struggle,
nobody knows the weight
of the harsh clarity that will go on opening
like a languid fruit;
thus is born on the coast,
out of turbulent shadow, the hard dawn,
nibbled by the salt in movement,
swept up by the weight of night,
bloodstained in its marine crater.

[A.R.]

El Desconocido

Quiero medir lo mucho que no sé
y es así como llego
sin rumbo, toco y abren, entro y miro
los retratos de ayer en las paredes,
el comedor de la mujer y el hombre,
los sillones, las camas, los saleros,
sólo entonces comprendo
que allí no me conocen.
Salgo no sé qué calles voy pisando,
ni cuántos hombres devoró esta calle,
cuántas pobres mujeres incitantes,
trabajadores de diversa raza
de emolumentos insatisfactorios.

The Unknown One

I want to measure how much I do not know
and this is how I arrive
casually, I knock, they open, I enter and see
yesterday's portraits on the walls,
the dining-room of the woman and the man,
the chairs, the beds, the salt-cellars,
only then do I understand
that there they do not know me.
I leave and I know not which streets I walk,
nor how many men that street devours,
how many poor and tantalizing women,
working people of various races
and lamentable remuneration.

[A.R.]

Mareas

Crecí empapado en aguas naturales
como el molusco en fósforo marino:
en mí repercutía la sal rota
y mi propio esqueleto construía.
Cómo explicar, casi sin movimiento
de la respiración azul y amarga,
una a una las olas repitieron
lo que yo presentía y palpitaba
hasta que sal y zumo me formaron:
el desdén y el deseo de una ola,
el ritmo verde que en lo más oculto
levantó un edificio transparente,
aquel secreto se mantuvo y luego
sentí que yo latía como aquello:
que mi canto crecía con el agua.

Tides

I grew, immersed in natural waters
like the mollusc in marine phosphorescence.
In me sounded the crusty salt
forming my singular skeleton.
How to explain – almost without
the blue and bitter movement of breathing,
one by one, the waves repeated
what I sensed and trembled with
until the salt and the spray formed me.
The scorn and desire of a wave,
the green rhythm which at its most secret
set up a tower of transparency.
That secret stayed and soon
I felt myself beating with it,
my voice growing with the water.

[A.R.]

El Pescador

Con larga lanza el pescador desnudo
ataca al pez pegado al roquerío
el mar el aire el hombre están inmóviles
tal vez como una rosa la piedad
se abre al borde del agua y sube lenta
deteniendo en silencio la dureza
parece que uno a uno los minutos
se replegaron como un abanico
y el corazón del pescador desnudo
tranquilizó en el agua su latido
pero cuando la roca no miraba
y la ola olvidaba sus poderes
en el centro de aquel planeta mudo
se descargó el relámpago del hombre
contra la vida inmóvil de la piedra
clavó la lanza en la materia pura
el pez herido palpitó en la luz
cruel bandera del mar indiferente
mariposa de sal ensangrentada.

The Fisherman

With his long spear the naked fisherman
attacks the fish trapped in the rock pool
the sea the air the man are still
suggesting a rose a gentleness
spreads from the edge of the water and rises
enclosing the bluntness in silence
one by one the minutes seemed
to fold up like a fan
and the heart of the naked fisherman
becalmed its beat in the water
but when the rock was not looking
and the waves had furled their force
in the middle of that mute world
it went off the flash from the man
against the motionless life of the stone
the spear stuck in the pure stone
the wounded fish flapped in the light
harsh flag of an uncaring sea
butterfly of bloodstain and salt.

[A.R.]

Oh Tierra, Espérame

Vuélveme oh sol
a mi destino agreste,
lluvia del viejo bosque,
devuélveme el aroma y las espadas
que caían del cielo,
la solitaria paz de pasto y piedra,
la humedad de las márgenes del río,
el olor del alerce,
el viento vivo como un corazón
latiendo entre la huraña muchedumbre
de la gran araucaria.

Tierra, devuélveme tus dones puros,
las torres del silencio que subieron
de la solemnidad de sus raíces:
quiero volver a ser lo que no he sido,
aprender a volver desde tan hondo
que entre todas las cosas naturales
pueda vivir o no vivir: no importa
ser una piedra más, la piedra oscura,
la piedra pura que se lleva el río.

Oh Earth, Wait For Me

Return me, oh sun,
to my wild destiny,
rain of the ancient wood,
bring me back the aroma and the swords
that fall from the sky,
the solitary peace of pasture and rock,
the damp at the river-margins,
the smell of the larch tree,
the wind alive like a heart
beating in the crowded restlessness
of the towering araucaria.

Earth, give me back your pure gifts,
the towers of silence which rose
from the solemnity of their roots.
I want to go back to being what I have not been,
and learn to go back from such deeps
that amongst all natural things
I could live or not live; it does not matter
to be one stone more, the dark stone,
the pure stone which the river bears away.

[A.R.]

La Soledad

Lo que no pasó fue tan súbito
que allí me quedé para siempre,
sin saber, sin que me supieran,
como debajo de un sillón,
como perdido en la noche:
así fue aquello que no fue,
y así me quedé para siempre.

Pregunté a los otros después,
a las mujeres, a los hombres,
qué hacían con tanta certeza
y cómo aprendieron la vida:
en realidad no contestaron,
siguieron bailando y viviendo.

Es lo que no le pasó a uno
lo que determina el silencio,
y no quiero seguir hablando
porque allí me quedé esperando:
en esa región y aquel día
no sé lo que me pasó
pero yo ya no soy el mismo.

Loneliness

The not-happening was so sudden
that I stayed there for ever,
without knowing, without their knowing me,
as if I were under a chair,
as if I were lost in the night –
so was that which was not,
and so have I stayed for ever.

I asked the others after,
the women and the men,
what they were doing with such confidence
and how they had learned their living;
they did not actually answer,
they went on dancing and living.

It is what has not happened to one
that determines the silence,
and I don't want to go on speaking
because I stayed there waiting;
in that place and on that day
I have no idea what happened
but now I am not the same.

[A.R.]

461

La Memoria

Tengo que acordarme de todo,
recoger las briznas, los hilos
del acontecer harapiento
y metro a metro las moradas,
los largos caminos del tren,
la superficie del dolor.

Si se me extravía un rosal
y confundo noche con liebre
o bien se me desmoronó
todo un muro de la memoria
tengo que hacer de nuevo el aire,
el vapor, la tierra, las hojas,
el pelo y también los ladrillos,
las espinas que me clavaron,
la velocidad de la fuga.

Tengan piedad para el poeta.

Siempre olvidé con avidez
y en aquellas manos que tuve
sólo cabían inasibles
cosas que no se tocaban,
que se podían comparar
sólo cuando ya no existían.

Era el humo como un aroma,
era el aroma como el humo,
la piel de un cuerpo que dormía
y que despertó con mis besos,
pero no me pidan la fecha
ni el nombre de lo que soñé,

Memory

I have to remember everything,
keep track of blades of grass, the threads
of the untidy event, and
the houses, inch by inch,
the long lines of the railway,
the textured face of pain.

If I should get one rosebush wrong
and confuse night with a hare,
or even if one whole wall
has crumbled in my memory,
I have to make the air again,
steam, the earth, leaves,
hair and bricks as well,
the thorns which pierced me,
the speed of the escape.

Take pity on the poet.

I was always quick to forget
and in those hands of mine
grasped only the intangible
and unrelated things,
which could only be compared
by being non-existent.

The smoke was like an aroma,
the aroma was like smoke,
the skin of a sleeping body
which woke to my kisses;
but do not ask me the date
or the name of what I dreamed —

ni puedo medir el camino
que tal vez no tiene país
o aquella verdad que cambió
que tal vez se apagó de día
y fue luego luz errante
como en la noche una luciérnaga.

I cannot measure the road
which may have had no country,
or that truth which changed,
which the day perhaps subdued
to become a wandering light
like a firefly in the dark.

[A.R.]

El Largo Día Jueves

Apenas desperté reconocí
el día, era el de ayer,
era el día de ayer con otro nombre,
era un amigo que creí perdido
y que volvía para sorprenderme.

Jueves, le dije, espérame,
voy a vestirme y andaremos juntos
hasta que tú te caigas en la noche.
Tú morirás, yo seguiré
despierto, acostumbrado
a las satisfacciones de la sombra.

Las cosas ocurrieron de otro modo
que contaré con íntimos detalles.

Tardé en llenarme de jabón el rostro
— qué deliciosa espuma
en mis mejillas —
sentí como si el mar me regalara
blancura sucesiva
mi cara fue sólo un islote oscuro
rodeado por ribetes de jabón
y cuando en el combate
de las pequeñas olas y lamidos
del tierno hisopo y la afilada hoja
fui torpe y de inmediato,
malherido,
malgasté las toallas
con gotas de mi sangre,
busqué alumbre, algodón, yodo, farmacias
completas que corrieron a mi auxilio:

The Long Day Called Thursday

Newly wakened, I recognized
the day – it was yesterday,
it was yesterday with another name,
it was a friend I knew to be lost
who came back to surprise me.

Thursday, I said to it, wait for me,
I am going to dress. We'll go out together
until you disappear into night.
You shall die, I shall go on
awake and accustomed
to the satisfactions of dark.

Things came about quite differently
as I shall tell in intimate detail.

I lingered in soaping my face well
– what wonderful foam
on my cheeks – I felt
the sea was giving me
an endless whiteness,
my face was a vague island
rimmed round by soap reefs
and when, during the struggle
of the small waves and strokes
of the warm brush and the sharpened blade,
I was clumsy and, at once,
badly wounded,
I stained the towels
with spots of my blood,
I called for styptic, cotton, iodine,
entire pharmacies to come to my help.

sólo acudió mi rostro en el espejo,
mi cara mal lavada y mal herida.

El baño
me incitaba
con prenatal calor a sumergirme
y acurruqué mi cuerpo en la pereza.

Aquella cavidad intrauterina
me dejó agazapado
esperando nacer, inmóvil, líquido,
substancia temblorosa
que participa de la inexistencia
y demoré en moverme
horas enteras,
estirando las piernas con delicia
bajo la submarina caloría.

Cuánto tiempo en frotarme y en secarme,
cuánto una media después de otra media
y medio pantalón y otra mitad,
tan largo trecho me ocupó un zapato
que cuando en dolorosa incertidumbre
escogí la corbata, y ya partía
de exploración, buscando mi sombrero,
comprendí que era demasiado tarde:
la noche había llegado
y comencé de nuevo a desnudarme,
prenda por prenda, a entrar entre las sábanas,
hasta que pronto me quedé dormido.

Cuando pasó la noche y por la puerta
entró otra vez el Jueves anterior
correctamente transformado en Viernes
lo saludé con risa sospechosa,
con desconfianza por su identidad.
Espérame, le dije, manteniendo
puertas, ventanas plenamente abiertas,
y comencé de nuevo mi tarea

All that appeared was my face in the mirror,
my face badly washed and badly wounded.

The bath
persuaded me
with pre-natal warmth to submerge myself
and my body curled up lazily.

That intra-uterine cavity
left me crouching,
waiting to be born, still, liquid,
a timorous substance
involved in non-existence,
and I kept from moving
for hours on end,
stirring my feet deliciously
in the underwater warmth.

So much time to towel and dry myself,
one sock after the other sock,
and one trouser leg and the other half,
so long a stretch did one shoe take
that when in gloomy uncertainty
I found my tie, and at last gave up
my explorations, looking for my hat,
I realized it was much too late;
the night had arrived
and I began again to undress myself,
garment by garment, to go between the sheets,
until I was soon asleep.

When night passed and at the door
entered again the preceding Thursday
correctly transformed into Friday
I greeted it with a doubtful laugh,
distrusting its identity.
Wait for me, I said to it, keeping
doors and windows wide open,
and I began my routine again

de espuma de jabón hasta sombrero,
pero mi vano esfuerzo
se encontró con la noche que llegaba
exactamente cuando yo salía.
Y volví a desvestirme con esmero.

Mientras tanto esperando en la oficina
los repugnantes expedientes, los
números que volaban al papel
como mínimas aves migratorias
unidas en despliegue amenazante.
Me pareció que todo se juntaba
para esperarme por primera vez:
el nuevo amor que, recién descubierto,
bajo un árbol del parque me incitaba
a continuar en mí la primavera.

Y mi alimentación fue descuidada
día tras día, empeñado en ponerme
uno tras otro mis aditamentos,
en lavarme y vestirme cada día.
Era una insostenible situación:
cada vez un problema la camisa,
más hostiles las ropas interiores
y más interminable la chaqueta.

Hasta que poco a poco me morí
de inanición, de no acertar, de nada,
de estar entre aquel día que volvía
y la noche esperando como viuda.

Ya cuando me morí todo cambió.

Bien vestido, con perla en la corbata,
y ya exquisitamente rasurado
quise salir, pero no había calle,
no había nadie en la calle que no había
y por lo tanto nadie me esperaba.

Y el Jueves duraría todo el año.

from the lathered soap to the hat,
but my feeble effort
encountered the arriving night
just when I was going out.
And I went back to my meticulous undressing.

All this time they were waiting in the office,
the unpleasant records, the
numbers flying on to the paper
like tiny migrating birds
gathered in threatening deployment.
It seemed to me that everything had joined
to wait for me for the first time –
the new love who, recently discovered,
was persuading me under a tree in the park
to keep the spring in me going.

And my feeding was ignored
day after day, I was set on putting on
my accessories, one after the other,
on washing and clothing myself each day.
The situation was untenable –
the shirt a problem every time,
the underclothes more hostile,
the jacket more interminable.

Until little by little I died
of inanition, of not being sure, of nothing,
of being between that day that returned
and the night expected like a widow.

When I finally died, all changed.

Well dressed, with a pearl in my tie,
and exquisitely shaved this time,
I wanted to go out, but there was no street,
there was no one in the non-existent street,
and so, no one awaited me.

And Thursday would last all year long.   [A.R.]

From

Una casa en la Arena

(1966)

Los Nombres

No los escribí en la techumbre por grandiosos sino por compañeros.

Rojas Giménez, el trashumante, el nocturno, traspasado por los adioses, muerto de alegría, palomero, loco de la sombra.

Joaquín Cifuentes, cuyos tercetos rodaban como piedras del río.

Federico, que me hacía reír como nadie y que nos enlutó a todos por un siglo.

Paul Eluard, cuyos ojos color de nomeolvides me parece que siguen celestes y que guardan su fuerza azul bajo la tierra.

Miguel Hernández, silbándome a manera de ruiseñor desde los árboles de la calle Princesa antes de que los presidios atraparan a mi ruiseñor.

Nazim, aeda rumoroso, caballero valiente, compañero.

Por qué se fueron tan pronto? Sus nombres no resbalarán de las vigas. Cada uno de ellos fue una victoria. Juntos fueron para mí toda la luz. Ahora, una pequeña antología de mis dolores.

The Names

I didn't write them on the roof-beams because great, but as companions.

Rojas Giménez, the nomad, the night-bird, transfixed with goodbyes, dead of joy, dove-breeder, mad of shade.

Joaquín Cifuentes, whose tercets rolled like stones in a river.

Federico, who made me laugh like no one else and put us all in mourning for a century.

Paul Eluard, whose forget-me-not eyes are as celestial as ever and keep their blue power under the earth.

Miguel Hernández, whistling to me like a nightingale from the trees in the Calle Princesa until the garrison ensnared my nightingale.

Nazim, singer like a forest, brave gentleman, comrade.

Why did they leave so soon? Their names will not slip down from the rafters. Each one of them was a victory. Together they were my sum of light. Now: a short anthology of my sorrows.

[N.T.]

La Bandera

Mi bandera es azul y tiene un pez horizontal que encierran o desencierran dos círculos armillares. En invierno, con mucho viento y nadie por estos andurriales, me gusta oír la bandera restallando y el pescado nadando en el cielo como si viviera.

Y por qué ese pez, me preguntan. Es místico? Sí, les digo, es el simbólico ictiomín, el precristense, el cisternario, el lucicrático, el fritango, el verdadero, el frito, el pescado frito.

— Y nada más?

— Nada más.

Pero en el alto invierno allá arriba se debate la bandera con su pez en el aire, temblando de frío, de viento, de cielo.

The Flag

My flag is blue and sports a fish rampant, locked in and let loose by two bracelets. In winter, when the wind blows hard and there's no one about in these out-of-the-way places, I like to hear the flag crack like a whip with the fish swimming in the sky as if it were alive.

And why this fish, I'm asked. Is it mystical? Yes, I say, it is the ichthyous symbol, the prechristic, the luminocratic, the friddled, the true, the fried, the fried fish.

– And nothing else?
– Nothing else.

But in high winter, the flag thrashes up there with its fish in the air, trembling with cold, wind and sky.

[N.T.]

From

La Barcarola

(1967)

La Barcarola Termina

Sabréis que en aquella región que cruzaba con miedo
crispaba la noche los ruidos secretos, la sombra selvática
y yo me arrastraba con los autobuses en el misterioso
    universo:
Asia negra, tiniebla del bosque, ceniza sagrada,
y mi juventud temblorosa con alas de mosca
saltando de aquí para allá por los reinos oscuros.

De pronto se inmovilizaron las ruedas, bajaron los
    desconocidos
y allí me quedé, occidental, en la soledad de la selva,
allí sin salir de aquel carro perdido en la noche
con veinte años de edad esperando la muerte, refugiado en
    mi idioma.

De pronto un tambor en la selva, una antorcha, un rumor de
    camino
y aquellos que predestiné como mis asesinos
bailaban allí, bajo el peso de la oscuridad de la selva
para entretener al viajero perdido en remotas regiones.
Así cuando tantos presagios llevaban al fin de mi vida
los altos tambores, las trenzas floridas, los centelleantes tobillos
danzaban sonriendo y cantando para un extranjero.
Te canto este cuento, amor mío, porque la enseñanza
del hombre se cumple a pesar del extraño atavío
y allí se fundaron en mí los principios del alba:
allí despertó mi razón a la fraternidad de los hombres.

Fue en Vietnam, en Vietnam en el año de Mil novecientos
    veintiocho.

The Watersong Ends

You will know that in that region I once crossed fearfully
the night was stirring with secret sounds, darkness of
    jungle,
and I crawled along in a truck into that curious universe –
black Asia, forest dark, sacred ash,
and my youth trembling like the wings of a fly
darting from this place to that in uncertain kingdoms.

All at once the wheels came to a stop, the unknown ones
    climbed down
and there I was, a foreigner, in the solitudes of the jungle,
there, marooned in that truck stranded in night,
twenty years old, waiting for death, shrinking into my
    language.

Suddenly a drum began, a torch flared, there was a stirring,
and those I had taken for certain as my murderers
were dancing, beneath the towering dark of the jungle
to entertain a traveller strayed into those far regions.
So, when so many omens were pointing the end of my life,
the tall drum, the flowering tresses, the flashing ankles
were dancing and smiling and singing for a foreigner.
I tell you this story, love, because the lesson,
the human lesson, shines through its strange disguises
and there the principles of the dawn were grounded in me –
there my mind awoke to the sense of men as brothers.

That was in Vietnam, the Vietnam of 1928.

Cuarenta años después, a la música de mis compañeros
llegó el gas asesino quemando los pies y la música,
quemando el silencio ritual de la naturaleza,
incendiando el amor y matando la paz de los niños.
Maldición al atroz invasor! dice ahora el tambor reuniendo
al pequeño país en el nudo de su resistencia.

Amor mío, canté para ti los transcursos de mar y de día,
y fue soñolienta la luna de mi barcarola en el agua
porque lo dispuso el sistema de mi simetría
y el beso incitante de la primavera marina:
te dije: a llevar por el mundo del viaje tus ojos amados,
la rosa que en mi corazón establece su pueblo fragante
y dije, te doy además el recuerdo de pícaros y héroes,
el trueno del mundo acompaña con su poderío mis besos:
y así fue la barca barquera deslizándose en mi barcarola.

Pero años impuros, la sangre del hombre distante
recae en la espuma, nos mancha en la ola, salpica la luna, son
    nuestros:
son nuestros dolores aquellos distantes dolores
y la resistencia de los destruidos es parte concreta de mi alma.

Tal vez esta guerra se irá como aquellas que nos compartieron
dejándonos muertos, matándonos con los que mataron
pero el deshonor de este tiempo nos toca la frente con dedos
    quemantes
y quién borrará lo inflexible que tuvo la sangre inocente.

Amor mío a lo largo de la costa larga,
de un pétalo a otro la tierra construye el aroma
y ya el estandarte de la primavera proclama
nuestra eternidad no por breve menos lacerante.

Si nunca la nave a su imperio regresa con dedos intactos,
si la barcarola seguía su rumbo en el trueno marino
y si tu cintura dorada vertió su belleza en mis manos
aquí sometemos en este regreso del mar, el destino,
y sin más examen cumplimos con la llamarada.

Forty years after, on the music of my companions
fell the murdering gas, scorching the feet and the music,
burning the ritual silence of the wilderness,
blasting love and destroying the peace of the children.
'Down with the brutish invader' sound the drums now, gathering
the tiny country into a knot of resistance.

My love, I told you all the happenings in the sea and the day,
and the moon in my watersong was dozing in the water.
The system of my symmetry had so arranged it
with the tingling first kiss of marine spring.
I told you – in carrying through my travelling world the
    vision of your eyes,
the rose in my heart sets up its own flowering place
and I said I give you as well memories of rogues and heroes,
all the thunder of the world rumbles beneath my kisses –
that was the way of the boat unwinding in my watersong.

But these are tainted years, ours; the blood of men far away
tumbles again in the foam, the waves stain us, the moon is
    spattered.
These faraway agonies are our agonies
and the struggle for the oppressed is a hard vein in my nature.

Perhaps this war will pass like the others which divided us,
leaving us dead, killing us along with the killers
but the shame of this time puts its burning fingers to our faces.
Who will erase the ruthlessness hidden in innocent blood?

My love, all along the broad coastline
from one petal to the next the earth yields up its aroma
and now the insignia of the spring is proclaiming
our eternity, no less painful for being brief.

If the ship never returns to port with its fingers uncalloused,
if the watersong followed its course in the thundering sea,
if your golden waist turned beautifully in my hands,
here let us submit to the sea's return, our destiny.
Without more ado, we comply with its tantrums.

Quién oye lo esencia secreta de la sucesión,
de la sucesiva estación que nos llena de sol o de llanto?
Escoge la tierra callada una hoja, la ramificada postrera
y cae en la altura amarilla como el testimonio de un
   advenimiento.
El hombre trepó a sus motores, se hicieron terribles
las obras de arte, los cuadros de plomo, las tristes estatuas de
   hilo,
los libros que se dedicaron a falsificar el relámpago,
los grandes negocios se hicieron con manchas de sangre en el
   barro de los arrozales,
y de la esperanza de muchos quedó un esqueleto imprevisto:
el fin de este siglo pagaba en el cielo lo que nos debía.
Y mientras llegaba a la luna y dejaba caer herramientas de oro,
no supimos nosotros, los hijos del lento crepúsculo,
si se descubría otra forma de muerte o teníamos un nuevo
   planeta.

Por mi parte y tu parte, cumplimos, compartimos esperanzas e
   inviernos
y fuimos heridos no sólo por los enemigos mortales
sino por mortales amigos (y esto pareció más amargo),
pero no me parece más dulce mi pan o mi libro entretanto:
agregamos viviendo la cifra que falta al dolor
y seguimos amando el amor y con nuestra directa conducta
enterramos a los mentirosos y vivimos con los verdaderos.

Amor mío, la noche llegó galopando sobre las extensiones del
   mundo.

Amor mío, la noche borra el signo del mar y la nave resbala y
   reposa.

Amor mío, la noche encendió su instituto estrellado.

En el hueco del hombre dormido la mujer navegó desvelada
y bajaron los dos en el sueño por los ríos que llevan al llanto

Who can tune in to essential secrets of flow and succession
which in sequential stages fills us with sun, then weeping?
A leaf inclines to the great earth at its last branching
and falls in the yellow air as evidence of an advent.
Man turned to his mechanisms and made hideous
his works of art, his lead paintings, his wistful statues of wire,
his books which were aimed at falsifying the lightning;
business deals were made with stains of blood in the mud of
    the rice-fields,
and of the hopes of many only a faint skeleton remained –
in the sky, the end of the century was paying what it owed us.
And while they arrived on the moon and dropped tools of
    gold there,
we never knew, children of the slow half-light,
if what was discovered was a new planet or a new form of
    death.

For my part and yours, we comply, we share our hopes and
    winters;
and we have been wounded not only by mortal enemies
but by mortal friends (that seemed all the more bitter),
but bread does not seem to taste sweeter, nor my book, in the
    meantime –
living, we supply the statistics that pain still lacks,
we go on loving love and in our blunt way
we bury the liars and live among the truth-tellers.

My love, night came down, galloping over the spread of the
    world.

My love, night erases all trace of the sea, the ship heels, is at rest.

My love, night lit up its starry institution.

To the place by the sleeping man, the woman glided in her
    wakefulness
and in dreams the two descended the rivers which led to the
    weeping

y crecieron de nuevo entre los animales oscuros y los trenes
   cargados de sombra
hasta que no llegaron a ser sino pálidas piedras nocturnas.

Es la hora, amor mío, de apartar esta rosa sombría,
cerrar las estrellas, enterrar la ceniza en la tierra:
y, en la insurrección de la luz, despertar con los que
   despertaron
o seguir en el sueño alcanzando la otra orilla del mar que no
   tiene otra orilla.

and grew once again among dark animals and trains loaded
   with shadows
to the point of being nothing more than pale stones at night.

It is time, love, to break off that sombre rose,
shut up the stars and bury the ash in the earth;
and, in the rising of the light, wake with those who awoke
or go on in the dream, reaching the other shore of the sea
   which has no other shore.

                                      [A.R.]